増田今昔物語　～伝説と昔話～

目次

増田今昔物語　～伝説と昔話～

（其の一）橋人真 町田増
（絵葉 同町 三海神社本 賀行）

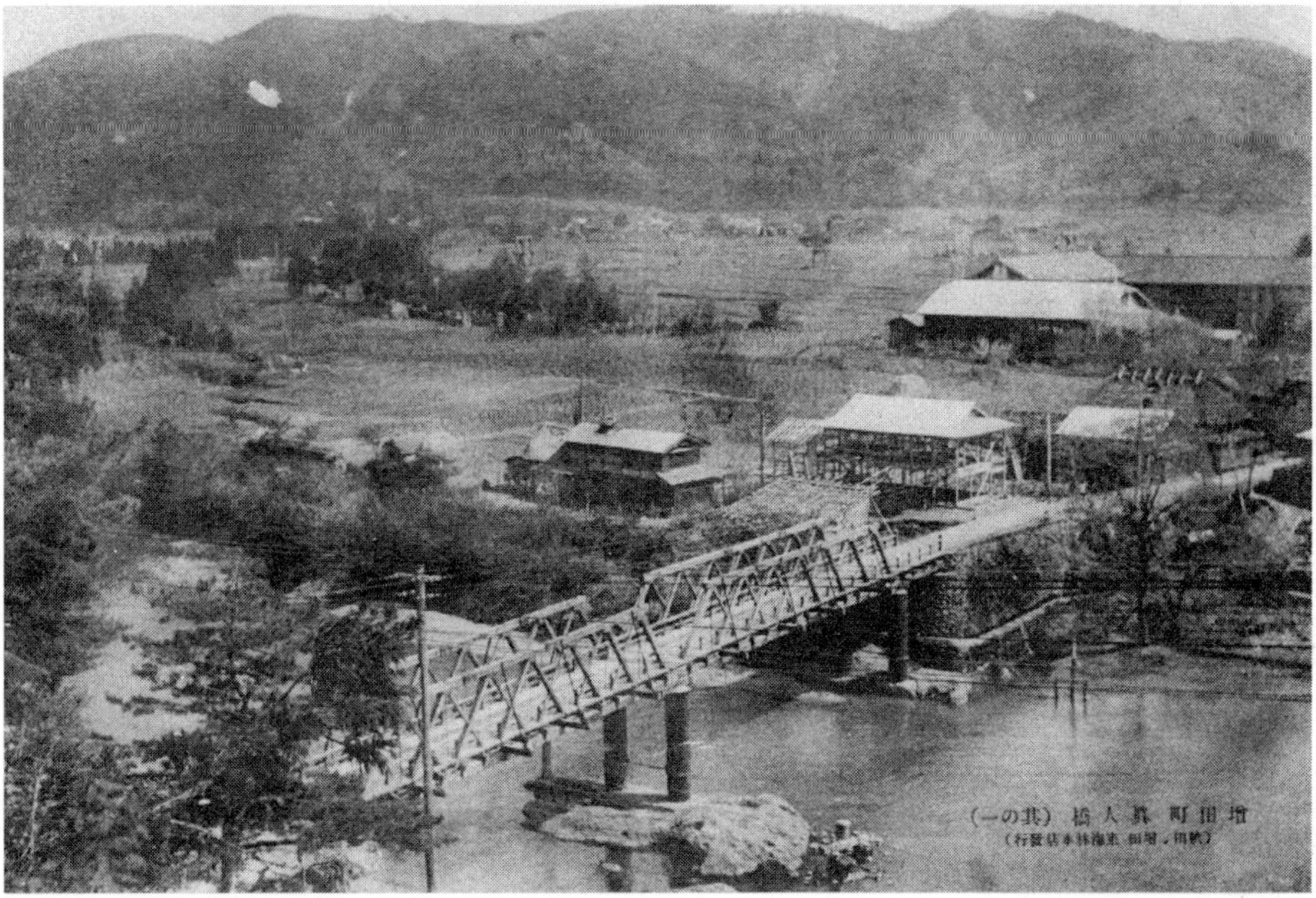

昭和初期 真人橋

① 佐藤養助商店漆蔵資料館 国登録有形文化財

材木や味噌醤油を商いとした江戸時代より8代続いた大地主・小泉五兵衛の旧宅。戊辰戦争においては350両という増田一の御用金を納めている。現在は稲庭うどん店に併設する資料館として公開している。

② 旧勇駒酒造 （旬菜みそ茶屋くらを） 国登録有形文化財

宝暦4年（1754）に石田久兵衛が創業し、昭和6年（1931）に株式会社化、平成15年まで営業。
酒樽を模したモルタルの鏝絵はこの建物のシンボルとなっている。

③ 佐藤又六家（佐藤家住宅） 国指定重要文化財

増田特有の細長い敷地に縦長に家屋を配置した姿を現在に伝えており、増田地区最古の店（見世）蔵が現在も現役で使用されている。
最大の特徴は、主屋の中にその店蔵が組み込まれているところにある。

④ 旧村田薬局 市指定文化財

江戸時代中頃から平成まで続いた増田で最古の薬舗。切妻造り平入りの店蔵で、二階は薬品等を保管する倉庫として使用。天井は竿縁天井で廻り縁は洋風の繰り方が彫られており凝った意匠となっている。

⑤ 佐藤三十郎家 国登録有形文化財

江戸後期までは「増の井」の醸造元であった石田久左衛門がこの地で醸造を行っていたが、秋田市に転居したのち初代佐藤三十郎が居住し現在に至る。
内蔵はこの地区では最大級の梁間を誇る大型の座敷蔵である。

⑥ 高橋茶舗 国登録有形文化財

米穀商を営んでいた五十嵐養吉家が建立したことから「五養」の蔵と言われ、戦後になり髙橋茶舗の所有となった。
土蔵は側面の壁まで黒漆喰で仕上げられている。

⑦ 升川商店（旧栄助商店） 国登録有形文化財

旧栄助商店は大正4年、初代栄助氏が仙臺屋商店から家屋を譲り受け、荒物商を営んでいた石平商店から独立したのが始まりで、戦前まで荒物商を営んでいた。
現在は升川商店として公開している。

⑧ 谷藤家 市指定文化財

主屋は、接客の客間棟と日常の住居棟が、黒漆喰磨仕上げの座敷蔵を挟んで分かれている珍しい形式である。客間棟一階は田の字型の間取りで各部屋とも棹縁天井。欄間等は組子細工によって装飾されている。

⑨ 笹原家 （かふぇ宝蔵庵/蔵の宿 宝蔵庵）

明治後期100年超の米蔵はカフェとして営業。隣接する外蔵は1日1組限定の宿になっており、中には座敷が設けられ、入口の掛子塗土扉が付かない珍しい形態の蔵である。

⑩ 旧佐藤與五兵衛家 （まちの駅福蔵）

佐藤與五兵衛家は代々の地主で増田銀行創立時の監査役の一人。大正期に増田勧業社を設立し、セメントなどの建設資材を扱う商いをしていた。現在は、まちの駅福蔵で公開している。

⑪ 旧石田理吉家 市指定文化財

文政2年（1819）に石田久兵衛家より分家し、戦前まで酒造業（銘柄　金星）を営んでいた。県内でも珍しい木造三階建住宅。

⑫ 佐藤こんぶ店

大正期から昆布販売業を営んでおり、現在の場所で営業を始めたのは戦後のこと。内蔵の構造、使用の状況からみて、居住空間としてではなく物資の収蔵を目的として作られたものと思われる。

⑬ 興文館東海林書店 国登録有形文化財

戦国時代増田城主・土肥家の家老を勤めていた旧家。秋田藩主佐竹氏のお宿となったことを示す木札が残っている。明治18年に書店を開業。増田地区には数少ない入母屋造り平入りの建物である。

⑭ 旧石平金物店 （観光物産センター蔵の駅）

明治大正期に金物商などを営んだ石田家より横手市に寄贈され、現在「観光物産センター蔵の駅」として伝統的建造物の公開をはじめとする増田町の観光案内所兼物産販売所として運営されている。

⑮ 山中吉助商店 国登録有形文化財

居住部の小屋組が洋小屋組（トラス）、続く座敷と水屋そして蔵前は天井を張らない吹き抜けになっている。土蔵は典型的な意匠を示す座敷蔵。

⑯ 山吉肥料店 市指定文化財

増田の商家建築の特徴である家屋配置を良く残し、南側に配置された「とおり」が店舗より裏門まで一直線に伸びている。室内は明治大正期の建物に多用され、増田地域の特徴でもある一階の天井が高い造りで、北側となる座敷への採光が取れるように工夫されている。

⑰ 佐藤多三郎家 市指定文化財

明治以前から地織りの反物を商う太物商だったが廃業し先々代当主の三郎氏が医院を開業。現在の家屋は、閉院後に診療所と住居を解体し新築したものだが、蔵は明治後期の建築といわれる。「贅を凝らした蔵」が建築され始めた初期のもので大変貴重な土蔵のひとつである。

⑱ 石直商店 国登録有形文化財

増田地域特有の間口が狭く奥行きが長大な短冊形で、他家と同様に店舗・座敷・住居・水屋・内蔵等が配置されていたが、内蔵は解体され、店舗と座敷及び居住部が現在も使用されている。

⑲ 日の丸醸造株式会社 国登録有形文化財

現在、増田で唯一の醸造元。蔵元だけで販売されている限定酒は見学者にも好評。増田の数多い内蔵の中において、その意匠や豪華で繊細な装飾がひときわ目を引く内蔵である。

※増田細見読本より

秋田・増田の内蔵を訪ねる

増田のまちなみ散策マップ

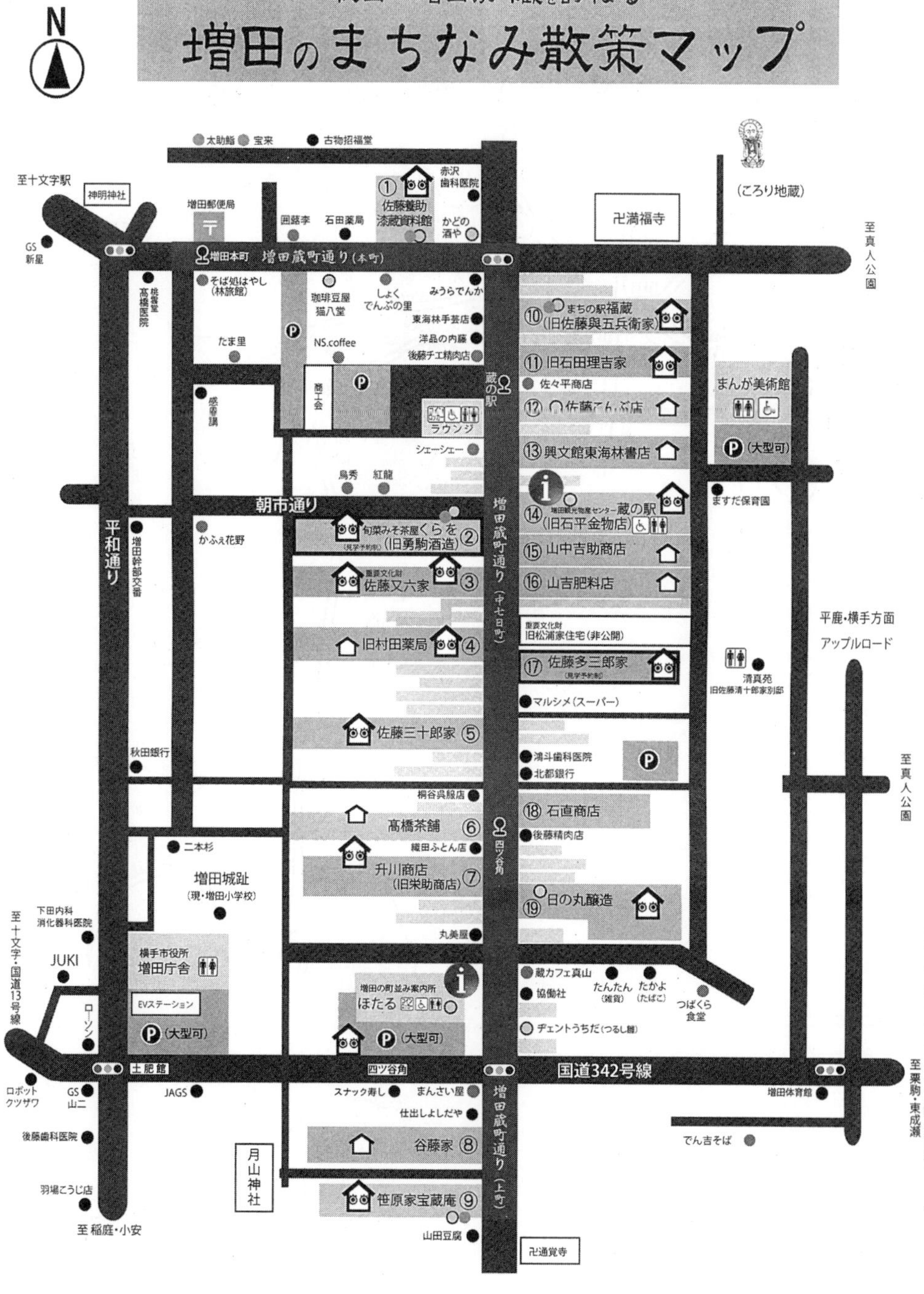

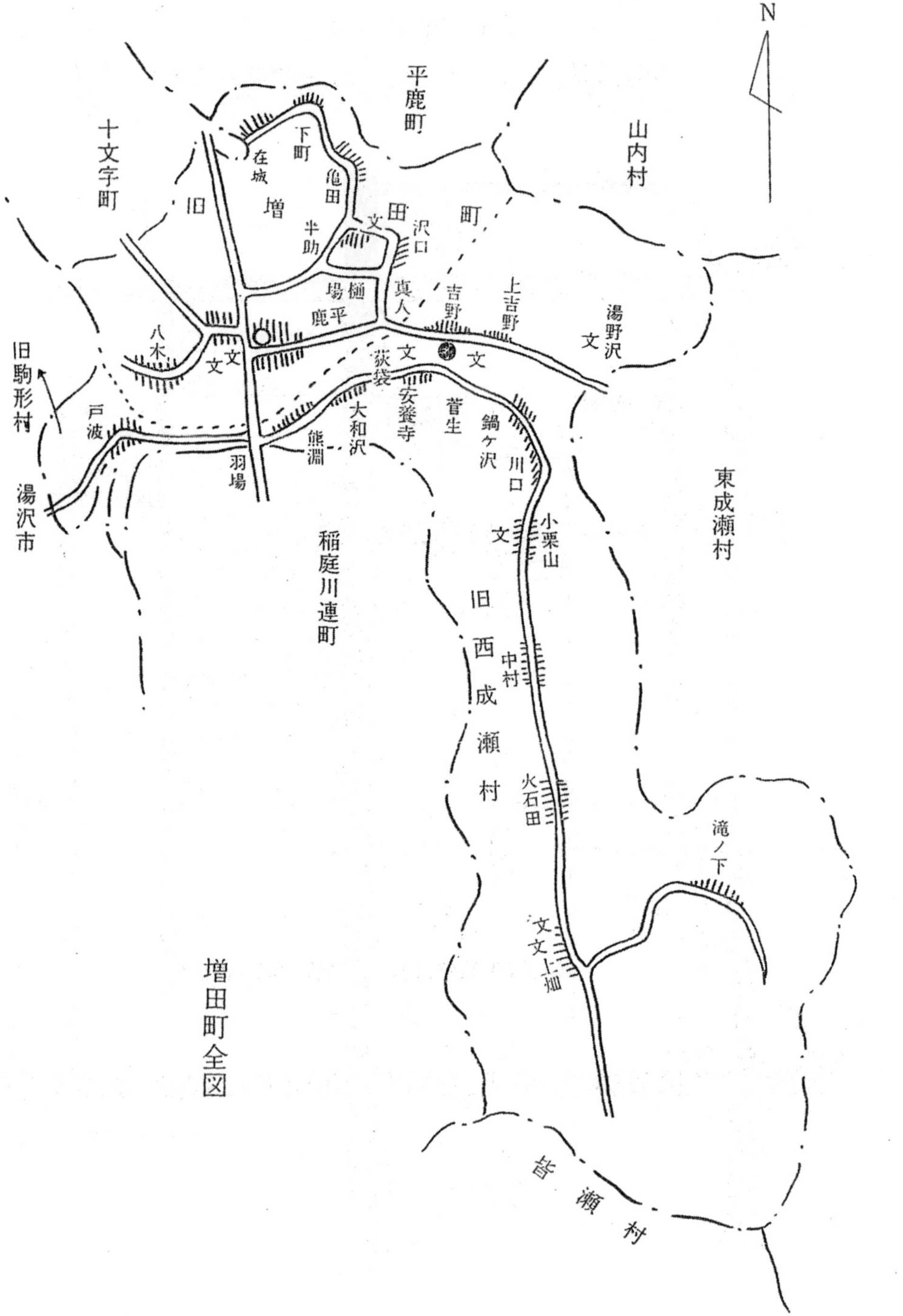
N
平鹿町
山内村
十文字町
旧
増
田
町
在城
下町
亀田
半助
文
沢口
樋
場
平
鹿
真人
吉野
上吉野
湯野沢
文
八木
文
文
旧駒形村
荻袋
文
文
安養寺
菅生
大和沢
鍋ヶ沢
戸波
熊淵
羽場
川口
湯沢市
東成瀬村
小栗山
文
稲庭川連町
旧
西
成
瀬
村
中村
火石田
滝ノ下
文
文
上畑
皆瀬村

増田町全図

義経三貫桜《さんがんざくら》（真人）

むかーし、昔。

真人山に近い倉狩沢の二蓋（くらがりざわのにがい）という所に、大きな岩がありました。その岩の上に見事な桜の古木がありました。この桜を「三貫桜（さんがんざくら）」あるいは「銭掛け桜（ぜにかけざくら）」と呼んでいました。

この桜は古代の官道「東山道（とうさんどう）」から分かれて少し入った、手倉街道（手倉越）沿いの道端にあって、春になると道行く者たちの目を楽しませていました。

ある日のこと、京の都から陸奥の平泉まで行く途中の源九郎判官義経（みなもとの　くろうほうがん　よしつね）一行と家来の武蔵坊弁慶（むさしぼう　べんけい）が山伏姿に身をやつし、この場所で一休みしていました。

春のうららかな風を受けて、桜の花びらがひとひら舞い降りてきました。ふと見上げると、小山のような岩の上に見事な桜が咲いています。

「おや、なんと美しい桜であろうか」

一行が珍しい桜だとほめながら眺めていると、気の早い弁慶がサッと桜の木の枝を手折り、義経の前に持ってきました。

「お館さま。この桜の花を見ながら歩いていきましょう」

弁慶が、ワラ靴の緒を締め、笈を背負い、金剛杖を突き立てて出発しようとした時のことでした。80歳は過ぎたと思われるヨボヨボの翁が、桜の枯れ枝を杖にしながらやってきて、

「これこれ、客僧達よ待たれ。持ち主のある桜を断りもなく手折り、勝手に持ち去るとは何事か。この桜は私のいのちと同じである。朝に夕に眺める桜であるぞよ」

と、涙を流しながらさめざめと泣き始めました。なだめても謝っても、翁は耳をかしません。弁慶は仕方なく、笈の底から銭（白銀）一貫を取り出し、

「爺さま、大変申し訳なかった。これで許してはくださらんか」

言って、銭一貫を翁に手渡しました。翁はその銭を見て、

「花盗人のくせに、このような銭で……」

と、あざ笑いました。そこで弁慶は、もう一貫の銭を翁に手渡しました。

「なんと軽い銭であろうか」

翁が皮肉を言うので、弁慶はもう一貫出して、銭（白銀）三貫を翁に渡し、

「貧乏な山伏ゆえ、これが精一杯の償いである。どうか、どうか、これで許してはくださらぬか」

弁慶は、銭三貫と手折った桜の枝を翁に手渡しました。すると翁は、桜の枝を肩に掛けて、だまって山のほうに去っていきました。一行はこの様子をあきれて見ていました。

「あの爺さんの家はどこだろう」

高台に上って見てみましたが、家などあるような所でもありませんでした。ところが不思議なことに、銭三貫は桜の古木に掛かり、手折った桜の枝は木の股に掛かっていたと言うことです。義経は、

「なんと身の毛がよだつこともあるものだ。あの翁は桜木の精（神霊）か、神さまに違いない。こころない事をしてしまったものである」

そう悔いて、平泉へ旅立って行ったということです。

それから、この桜を「三貫桜」とも「銭掛け桜」とも呼ぶようになったということです。

※義経三貫桜の跡は、倉狩沢貯水池を越えたあたりの山中にあり、車道わき高台に標柱が立っています。三貫桜が咲いていたという大岩も見ることが出来ます。

女神森と男神森（亀田）

三貫桜があったという倉狩沢（くらかりざわ）には村があり、人家もあったそうですが、倉狩沢の内である「亀ヶ森」も村であったそうです。

亀ヶ森村に「女神森、男神森（めがみもり、おがみもり）」という陰陽二柱の神号を唱える森（山）があります。どのような神さまを祀っているのかは知られていませんが「神」は「亀」に通じ、「神ヶ森」が「亀ヶ森」になったのではないかと言われています。

明沢の金峰山から南下すると、男神森（山）—女神森（山）—真人山へとつながっていますが、女神山も男神山も地図には載っておりません。沢口に「亀田字女亀森」の字名は残っています。真人山から金峰山、道満峠を越えて横手市山内の武道までは山道を車で行くことが出来ます。横手盆地に浮かぶ鳥海山が美しく望めます。

ちなみに、武道山は雄勝郡でしたが、寛文5年（1665）、吉野村と湯野沢村が雄勝郡に編入されたときに、田子内の山であった外山は、平鹿郡山内村武道となったそうです。

昔、奈良時代のことです。

金峰山（きんぽうざん―明沢嶽）の後ろにある倉狩沢（暗狩沢）には怪しげな鬼神が棲んでいました。鬼神は岩窟に棲んでいたそうです。

ある日のことです。京の都から、諸国修行中の役の小角（えんのおずぬ―役の行者。修験道（山伏）の開祖で呪術師）がこの地に来て鬼神を降伏させたそうです。役の小角は峰に蔵王権現を祀り、去って行ったということです。

この蔵王権現の神像は、大和の国吉野の金峰山（きんぶせん）の砂金を神像の頭に入れて造られているそうです。金峰山は吉野を映した山なので、後ろの倉狩沢も宮居（みやい）の恵みとされ。神さまの鎮座する場所であることから「世は明沢」と歌に詠んだということです。

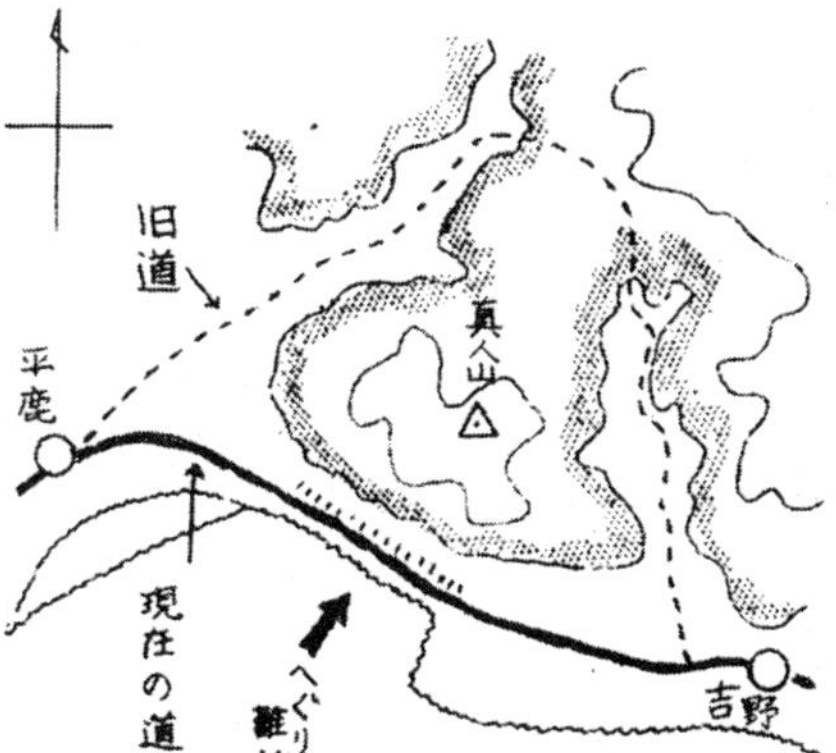

（増田街道の新道と旧道）
昭和35年ころ

ちなみに、真人山は京都の嵐山に似た景勝地と言われています。

明沢山の麓に宝音寺の跡があり、池がありました。この池が枯れた時に、板碑が出てきたそうです。板碑には、中央に梵字があり、右に「凶賊降伏」。左に「邦内豊饒」と彫られていたそうです。凶賊とは、倉狩沢の岩窟に棲んでいたという鬼神（蝦夷―族長）の伝説を伝えるものであろうと言われています。

この板碑は、現在は香最寺（醍醐字明沢）にあります。

馬鞍と落人（明沢）

昔、鎌倉時代のころのことです。

平泉藤原氏の元に身を寄せていた源義経が、兄の源頼朝に討たれ、平泉の藤原王国が崩壊したころのことでした。

平泉からの落人がたくさん出羽に流れて来て土着しました。真人の暗狩沢（倉狩沢）にも、平泉からの落人が身を潜めて住んでいました。

月日も経ち、世の中も落ち着いてきたころのことでした。落人たちは、暗狩沢から明沢（あけさわ）に出て来ました。「暗い沢から、明るい沢に出てきた」ということで「明沢」という地名になったそうです。

そして、自分たちが使っていた馬の鞍を納めました。それから「馬鞍（まぐら）」という地名になったそうで、馬鞍神社のご神体はこの馬の鞍ということです。

それまで一緒の村落に住んでいた落人たちは、侍を続ける者と百姓になる者に別れたそうです。百姓になった者には米がわたらず、大豆をもらったそうです。大豆をもらって百姓になった落人たちは、大柳草の台（東成瀬村）に住み着いたということです。

米のない百姓たちは、大豆を豆腐にして食べました。正月にはモチを神さまに供えるのですが、モチの代わりに豆腐を供えるようになったのは、このためだそうです。

※秋田藩主、佐竹義和が自ら筆をとって、巡回の風景や民の様子を書いた「千町田の記」には、大屋寺内に憩い馬鞍に至る。昔、八幡太郎義家公の乗りたる馬の鞍を神前に納めて武運を祈りしかば、村の名を馬鞍というときいて、やすらいだ。空が晴れたのを喜び増田の宿に着いた。と8月5日の記行に書いています。馬の鞍を納めたのは、源義家、筏の仙人説などあります。

油こぼし坂（明沢）

明沢嶽（古名は赤沢）は吉野（現在の奈良県南部一帯をいう―奈良時代から離宮が置かれた遊興地）を映したとされ、役の行者が金峰山（吉野・大峰山）に蔵王権現を祀り修験道を開いた由縁で、明沢嶽は金峰山（きんぽうざん）と呼称されています。鎌倉時代、源義経が兄頼朝に追われて逃げた地も吉野山でした。静御前と涙ながらに別れた義経は、山伏姿に身をやつして、弁慶と共に平泉に落ち延びます。この金峰山神社に、武蔵坊弁慶の直筆とされる法華経26巻が奉納されています。

また、武蔵坊弁慶が金峰山神社をお参りのときに、手のひらを皿にし、油をためて手灯を行いながら登り、この坂に来た時に油をこぼし、峰に入って行ったことから「油こぼし坂」と呼ばれるようになったということです。

手灯は、修験道の修行の一環でもあったそうです。

倉狩沼の鉱毒水（真人）

真人公園の奥にある倉狩の沼は、農業用水の貯水池として造られた人工の沼です。第二次世界大戦中、亀田堰町村組合が事業主体となって、沢を掘り下げ、土手を築いて、人力で造られた沼でした。貯水が開始されたのは昭和18年でした。

ところが、沼の奥にあった「増田鉱山跡」から、少しずつ鉱内水が流れ込み、それが毒水のため魚の棲めない沼となってしまいました。

鉱毒水は、公害問題となりましたが、昭和45年から増田鉱山跡から流れ出る鉱毒水は、近くの吉乃鉱山の中和処理場へポンプアップされるようになりました。この処理によって、倉狩沼の水も徐々に浄化されていきました。

そして、昭和51年のことでした。

「もしかしたら、魚の棲める沼に回復したのではないだろうか」

ということで、増田町観光協会が試しに沼に鯉を放してみたのでした。倉狩沼に放された鯉は200匹でした。10月に放され、一ヵ月後の11月に調査されましたが、死んで浮いている鯉は一匹もいなかったということです。

「あ、鯉が生きている！」

鯉は群れをなして泳いでいました。そして、その後も変化なく元気に泳ぎ回っていたのです。

「死の沼が、生きた沼によみがえったぞ！」

増田の人々は喜んだということです。

倉狩沼は、昭和46年からは農業用水の貯水池としての役目も終えています。今では真人公園とセットで観光地になっていますが、鉱山の毒水の恐ろしさを伝えるお話として、伝えたいものです。

梅栄桜《ばいえいざくら》の由来　（満福寺）

「コロリ地蔵さま」で有名な、増田町の満福寺は、小野寺時代に梅栄元香（ばいえいげんこう）和尚が開山したお寺と伝えられています。

梅栄元香和尚は、幻の寺と呼ばれている三森山の「時宗寺（じしゅうじ）」（上黒沢の奥山にあり、宮城県、岩手県、秋田県の県境付近）に居たとされており、そのころは、奥州江刺郡黒石郷（岩手県奥州市黒石）の古刹「正法寺（しょうぼうじ）」の僧侶だったそうです。満福寺の本山は磐井郡一ノ関（岩手県一関市）「願成寺」であり、梅栄和尚が一関から持ってきたという桜の杖にまつわる伝説です。

むかーし、昔。

増田の満福寺を開山した梅栄元香和尚は、一関から突いてきた桜の木の杖を地面に突き刺しました。そして、

「私の教えがこの地に栄えるなら、桜木の杖に枝葉が茂るであろう」

と試しました。すると、桜木の杖から芽が伸びてきて、花が咲くようになったということです。この桜の木は「梅栄桜（ばいえいざくら）」と呼ばれるようになり、毎年おもしろい花を咲かせるようになったということです。

江戸時代の元禄のころのことです。

桜の木が大きくなって、お寺の庭が暗くなるほどでした。

「この桜の木も大きくなりすぎたなあ。こう暗くてはお日様も射さず困ったものだ」

ちょうど薪（まき）も不足していたので、これ幸いと桜の木を伐り倒してしまいました。そこへ、年老いた檀那さまがやってきました。驚いた檀那さまは、

「ご住職、なんということをなさるのです。この桜は、梅栄和尚がこころをこめて、誓いをたてて植えた名木ですぞ。花が咲いたときには、風さえ花を散らすのを惜しむという桜なのに、なぜこのように伐ってしまわれたのです」

さめざめと涙を流しながら、恨み言を住職に言いました。住職もあきれ果てましたが、そこまで言われては薪にすることも出来ませんでした。仕方なく伐った枝葉を残った桜の木に立てかけてそのままにして置きました。

やがて秋も深まり、桜の木は雪の下に埋もれて、春がやってきました。するとどうで

しょう、伐った桜の木から新しい芽が出ていたのです。それで、だれ言うとなく「生桜（はえざくら）」と呼ぶようになったそうです。

その後、天明6年と文政4年に大火災があり、町もお寺も桜の木も燃えてしまったそうですが、そのたびに春になると不思議と新芽が茂り、花を咲かせるのだそうです。「この桜には梅栄和尚の法力が宿っているに違いない。なんと妖しい梅栄桜だ」と噂したということです。そして、「梅栄桜」「梅栄の杖桜」「生桜」と呼んだのですが、「生桜（はえざくら）」は、何度も新芽が生えるからではなく、「ばいえい」が訛り「ばえ」となり「はえ」に変化したものであろうと言うことです。

満福寺のナマズの話

増田山満幅寺山門前の、向かって右手には、大きな池がありました。その池にはナマズが棲んでいました。

いつのころか、増田の町を焼き尽くすほどの大きな火災があった時のことでした。池のナマズが急に騒ぎだしたということです。

近所の者たちは、

「池のナマズが騒ぎだしたぞ。これはきっと、何かが起こる前触れに違いない」

と、騒ぎだしたそうです。そして、大きな火災が町を焼き尽くしたのだそうです。

ナマズ（鯰）という字は「魚編」に「念ずる」と書くことから、お寺に関係があるために、ナマズが知らせたのだろうと噂されました。

火災の時、この池のおかげで、今ある山門は火災を免れたということです。

ちなみに佐藤又六家は火災の時、防火装置があったので免れたということです。

（十文字町、佐藤政夫さんの話。出身は増田町）

真人山《まとさん》の三鷹《さんたか》（真人山）

むかーし、昔。

増田の真人山に鷹が棲んでいました。鷹は三羽の子どもを産みました。朝な夕なにエサを獲ってきては子鷹に与えて、大事に育てていました。

ある日のことです。一羽のワシ（鷲）が、バサツ、バサッと、大きな羽を広げて飛んできました。そして、母鷹を襲い、あっという間に母鷹の肉を裂き、食べてしまいました。

母鷹を失い悲しんだ三羽の子鷹は、母鷹の仇をとるにはどうしたらいいものかと相談しました。そして、自分達をハト（鳩）だと言って、三羽で力を合わせてワシをこらしめ、母鷹の仇を討ったということです。

出羽なる平鹿の三鷹たちかえり
　親のためには　鷲もとるなり

と、古い和歌に詠まれたそうです。

もう一つの鷹の話（亀田）

金峰山麓の沢口（村）と真人山麓の半助（村）の間に鷹ノ嘴（たかのはし―増田町亀田字鷹ノ嘴）という字名があります。ここに口伝でもう一つの鷹の話が伝えられています。

昔、平安時代中期のころのことです。

亀田の在城（ざいじょう―亀田字在城）に国府（平鹿郡衙とも？）があったとされ、源斉頼（みなもとのなりより　とも　まさよりとも）が出羽の守として赴任してきました。斉頼は、駿河の守源忠隆の長男で、母は源景斉の娘でした。鎮守府将軍となった源頼義の後援として赴任してきましたが、頼義とはしだいに距離が出来ていきました。

この斉頼は、武人であり歌詠みでもありましたが、たいへん優れた「鷹飼い」でもありました。朝鮮（韓国）から渡来した兼光（異説あり）から継承した鷹飼いの秘技は有名で、

「呉竹流」「政頼流」と呼ばれ、後に「諏訪流」とその諸派に伝承されているそうです。

出羽の守として任務を果たしていた斉頼でしたが、ある日のこと。

「京の都にいる母上が危篤」

との早馬が飛んで来ました。斉頼は、朝廷から任地を離れることの許可を得る暇もなく、急いで京に上りました。

ところが朝廷では、

「この切迫した出羽の事情も考えず、無断で上京して城を空にするとは何事だ。流罪にするべきである」

と、朝廷から責められました。

事の重大さに驚いた斉頼は、事情を説明してひたすら許しを請い、一首の和歌を詠みました。

出羽なる平鹿の三鷹たちかえり
　親のためには　鷲もとるなり

斉頼が和歌に込めた真意は、

平鹿なる出羽の御館《みたち》たちかえり
親のためには　私（わし）もどるなり

朝廷では、和歌に込めた寓意の優秀さを称えて、任地を許可も無く離れたのは、年老いた母への孝養からであるとしました。斉頼は罪を減じられ、出羽の守の職を減じられたということです。

斉頼の後に出羽の守を任じられたのは、鎮守府将軍源頼義の息子、八幡太郎源義家でした。頼義と義家親子は、真人の清原武則の力を得て、前九年の役（合戦）が始まります。

※増田字平鹿に平鹿郡衙が置かれたとの伝承はありましたが、亀田字在城に国府が置かれたという伝承は初耳でした。宝亀11年（780）に、田川郡（山形県）から移府され、平鹿川の沿岸の大美林の中にあったそうです。国分寺として宝薗寺（ほうおんじ）があり、平鹿城の南130町歩の田を勧学田（学問を奨励するため大学寮、陰陽寮などに加賜して学生の費用に供した田地）としていたそうです。

その後、地震と洪水のため土砂深くに埋没したとされています。在城の天沼はそのころの国府の名残と伝承されています。また、この一帯の田の底からは寝木（柵木）が掘り起こされることもあります。真相はわかりませんが。

真人山の白鷹「紅《くれない》」（真人山）

ある年のことです。一条院（一条天皇。在位986〜1011）の元に、真人山で獲れた白い鷹が献上されました。「出羽」と名前を付けて、たいそうかわいがっておりました。ところが白鷹は逃げて、どこかへ飛んで行ってしまいました。あちこちと探させましたが見つかりませんでした。あきらめかけたある夜のことです。一条院は不思議な夢を見ました。その夢は、母鷹をワシに食べられた三羽の子鷹が、母鷹の敵討ちをする夢でした。ハッと目覚めた一条院は、すぐに鷹小屋に行ってみました。するとそこには、雪よりも白い大きな鷹がいたのです。その嘴は血にまみれたように真っ赤でした。

一条院は、白鷹の気高さと威厳さに驚きました。

「なんと、出羽の鷹は大ワシを捕ることもあるのか。これは驚いたものだ」

そう言って、その白い鷹に「紅（くれない）」と名前を付けたと言うことです。そして、

親を捕る鷲を辛さに心あらば
　鷹や知るらん　鳥の想い子

そう和歌を詠んだと言うことです。


時代が下って、後三年合戦が起きたときは、この三鷹の因縁が甦ったと、人々は噂しました。

清原直系の真衡、安倍直系の連れ子の清衡、清原と安倍の両方の血を引く家衡、この三人の兄弟が複雑に絡み合って起こった内紛が、後三年合戦という歴史に残る戦になったからだそうです。

三人の子と、三羽の鷹の子。清原氏、安倍氏、源氏の三氏。この後三年合戦が起こったのは、真人山の三鷹の因縁だと噂された由縁でした。

また、その後の平泉の滅亡の戦も、源頼朝、源義経、藤原氏という、三人の子の複雑な因縁で起こった戦でした。

清原姓から藤原姓にもどった清衡は、怨霊を鎮めるために毛越寺に浄土庭園を造ったと言われています。

彦六塚（増田町平鹿）

昔、天明（江戸時代）のころのことです。

仙台藩から秋田藩へ追放された彦六という大義賊（犯罪者や無法者でありながら、大衆から支持されている者）がおりました。彦六は横手城下に住み、町道場を開き剣術を教えて暮らしていました。

あるとき、横手城代戸村家に「小烏丸」という宝刀があると知りました。

「一目でよい、小烏丸を見てみたいものだ」

思いながらも機会がありませんでした。ところが、刀剣の品評会が行われることになり、小烏丸も出品されることになったのです。

小烏丸を見た彦六は、気品あふれる光芒にこころを奪われてしまいました。そして、小烏丸を盗んで南部（岩手県）へ逃げようとしたのです。

戸村家では直ちに追っ手を差し向けましたが、増田まで来た彦六は、人家の屋根を鳥のように飛び移りながら、街道を走りました。関ノ口から平鹿のほうへ逃げていく途中、堰普請から帰って来た百姓に出会いました。彦六は刀を抜いて防ぎ、逃げようとしました。ところが、この百姓の中に石投げの名人、半五郎という者がいたのです。半五郎は、彦六の踵（かかと）のあたりをねらって小石を投げつけました。急所を打たれた彦六はその場に倒れ、追っ手の武士に捕らえられました。その場で首をはねられ彦六は、半五郎をギッとにらみつけ、

「覚えておれ、半五郎！」

と、一言残して絶命したそうです。

人々はその場に塚を造って、一本の杉を植え、弔ったということです。それから「彦六塚（比古六）」と呼ばれるようになりました。

その後、半五郎が彦六塚の前を通ったら、

「半五郎、今帰りか」

と、塚の中から恐ろしい声が聞こえてグラグラと塚が動いたそうです。半五郎はそれから平鹿を通らず、新町からの街道を通るようになったということです。

また、彦六を捕らえた功績により、半五郎は新町街道の開墾を許されたとも言われています。

お堂の中には、たくさんの木刀が奉納されています。この木刀を借りていくと、子どもの夜泣きが治ると言われています。治ったときには、お礼に木刀を二本にして返すのだそうです。

※半五郎は石田半五郎という本町に住む者で、富豪の石田円兵衛の代官役に雇われていたそうです。

※彦六の石碑は、成瀬川の自然石に「自法浄光居士」左側には「天明二年寅七月六日」と刻まれています。その当時、極悪な重罪人は頭髪を半分削ぎ落とされて、お国払いにされていたそうです。増田のあたりではこれを「手倉越（てくらごし）」と言っていました。手倉（東成瀬村）から南部領（岩手県水沢）に追いやるからだそうです。

監物塚《けんもつづか》（戸波）

江戸時代の元禄のころのことです。

増田の戸波に加賀の国（石川県）の浪人で、千島（対馬）監物という男がやってきました。

監物は、子どもや若者には読み書きの手習いを教え、村人にはミノやケラ作りを教えました。

ミノやケラの材料となるのは、肥沃な奥山に自生する「みのすげ（この地方ではミゲという）」です。夏の土用に抜き取って干しておくのですが、これは女性達の仕事でした。炎天下の中での「みのすげ抜き（ミゲ抜き）」は過酷な作業で「ミゲ抜きするより姑のそばがよい」と言われるほどだったそうです。

ミノやケラのアクセサリー（飾り）となる材料は、海草やしなの木（マンダ）、うる木の樹皮ということです。

昔から、みのけらの戸波、笠緒の八木、菅笠の仁井田と呼ばれ、皆瀬川沿いに並ぶ三集落がミノと笠作りをしていたのです。仁井田の菅笠（すげがさ）も、天文年間に加賀の国（石川県）で起こった一向一揆のときに秋田へ移住した者から伝わった技術でした。千島監物も故郷を偲びながら、菅笠があるならミノケラが必要と考え、雨具の作り方を伝授したのかも知れません。

監物の死後、村人たちが築いた塚を「監物塚（けんもつづか）」と呼ぶようになったそうです。

※ここら辺ではミノケラのことを「けらッコ」と呼びます。ミノケラにも区別があります。

・みの（蓑）……旦那衆の雨具

・けら（毛羅）……作業衣として広く用いられた雨具。化粧げら、伊達げら、並げらなどがある。

・みのぼっち（蓑帽子）……女性や子どもの雨具

・このほかに「祝いけら」（方言で、たるコげら）などがあります。

祝いけらは、婚礼当日に嫁や婿を迎えに行く一行の先達として、未婚の若者が着用します。祝いけらに赤樽を背負っていくことから「樽子背負（たるこしょい）」と呼ばれ、婚礼には付きものの慣例でした。おめでたいシンボルである「祝いけら」と「赤樽」が組み合わさって「樽子けら」と呼ばれています。

宗本塚《むねもとづか》

昔、元和年間のことです。

佐竹の殿様がご巡幸の際に、増田に立ち寄りました。そして、神明社を佐竹の祈願所として社殿を建立しました。

神明社はそれまで「伊勢堂」と呼称され、仁井田（村）の神さまでした。伊勢の内宮と外宮を併せ祭っているので「両社」とも言われています。

あるとき、本町に住む千田彦右衛門宗本（ちだひこえもんむねもと）という者が、

「この神社は、昔から増田の神さまである」

と主張し、一歩も譲りませんでした。

境界争いが起きたときのことです。宗本は、ここが増田と仁井田の境界であるといい、自ら生き埋めとなって境界を守ったということです。

村人はその場所に碑を建て「宗本塚（むねもとづか）」と呼んだそうです。

神明社「伊勢堂」は、こうして増田の鎮守でしたが、明治初年に月山神社に鎮守が変更され、現在に至っているとのことです。

真人ヘグリと久蔵

今から240年ほど前の安永5年（1776）のことでした。

亀田に久蔵という桶職人がいました。久蔵は、毎年10人もの人間のいのちを奪う難所、真人ヘグリ（市助落し）を切り開く決心をしました。

「なあ、みんな。真人ヘグリの道は細くて危険だ。毎年いのちを落とす者が絶えない。なんとかあの大岩を削って、安全な道を通そうではないか」

村人に協力を持ちかけましたが、

「なにじが。あの大岩を削るってが。それなば、狂人のすることだ。やめろ、やめろ」

「お前が、そんた馬鹿な事するななば、兄弟の縁を切るしかね」

だれも協力してくれる者はいませんでした。久蔵をあざ笑う者、嫌がらせをする者、気が狂ったとののしる者ばかりでした。

「やはり無謀な事だべが……」

久蔵は弱気になりましたが、嘲笑に屈するつもりはありませんでした。

久蔵にはお静という婚約者がいました。お静は亀田小町と言われる美しい娘でした。ですが、狂人久蔵と呼ばれればじめたため、お静の親が心配して破談にしてしまいました。お静は久蔵の非凡さが好きでした。なんとか久蔵の志を遂げさせたいと思いました。

『久蔵さんと一緒になれないのなら、せめて久蔵さんのために何かしてやりたい』

ある日、お静は死装束を着て不動滝に行きました。二十日盆も過ぎた肌寒い秋の夜のことでした。月の光を浴びて不動滝に立ったお静は、

「南無不動明王さま。久蔵さまがどんな辛苦に遭おうとも、初心を動かさず、大願成就を叶えさせてください。どうぞ、この身に代えてお願い申し上げます。南無不動明王さま」

と、神に祈って、滝つぼに身を投げました。

「お静さん、ごめんな。俺はやるぞ！真人へグリどご必ず切り開いで道造ってみせるがら、見ででけれ。俺さ力貸してけれな」

お静の思いを知った久蔵は、成瀬川で身を清めて、

「南無観世音菩薩」

と祈りながら、最初のタガネ（鏨）を力強く振り下ろしました。しかし、大岩からは小さな塊が飛び散っただけでした。

それから久蔵は、母親と兄とは別居し、ヘグリの向こう端のつり橋ともいえない橋のそばに小屋を掛けて道造りの工事を始めました。食べるために夜はわらじを作って売り歩きました。

一年経ちました。

「あれ見でみれ。一年経ったたて、あんけしか進まねしぇよ……」

村人は笑いました。手伝ってくれる者はいませんでしたが、和尚さまだけが、一椀の食事を運んでくれました。

二年目のことです。

久蔵は不思議な夢をみました。白髪の老人が現れて、

「硬い石には火をかけよ」

そう言って消えたのです。久蔵は菩薩のご宣託と思い、気持ちを奮い立たせました。

やがて三年が経ちました。久蔵は疲れ果てていました。アカ（垢）と泥だらけの顔は青ざめ、髪はボウボウとなり肩まで伸び、目もくぼんで、まるでこの世の者とは思えない風貌でした。

このころ久蔵は、真人ヘグリの最大の難所である「猿面岩」に取りかかっていました。猿

面岩に火を焚き、うめくように経文を唱えながら、タガネ（鏨）を振り下ろしていました。

「この大岩を取り除けば、工事も楽になる。南無不動明王さま、助け給え」

一心に願いながらタガネを振り下ろしていると、あら不思議！岩に焚いた火の煙が天に伸びて巨人になりました。その巨人は、火を岩にかけてノミを打ち込みます。刃物でもビクともしない巨岩を砕き、久蔵の仕事を手伝ってくれました。

巨人の力を借りて難所の猿面石を取り除いてからは、工事も順調に進みました。村人達は、

「お静の霊が化身して巨人となって久蔵を助けたに違いない」

「そうだ、そうだ。お静の思いが久蔵に生きる力を与えたのだ」

そう噂しあいました。

タガネの音はそれからも続きました。四年、五年・・・七年。そのころは村人達も久蔵に協力し、寄進を申し出る者もありました。「狂人久蔵」は「義人久蔵」と呼ばれるようになりました。

七年という苦難の末に、真人へグリの工事を終えた久蔵は、

「街道難所普請為両親並有縁無縁菩薩」

と自然石に刻んで、工事の竣工を祝ったということです。

そして、真人へグリを切り開いた七年の間に失った、婚約者のお静と、母親。食を運んでくれた和尚さまなど、自分のために犠牲となってくれた者達への供養のために行に入りました。断食行を行い、枯れ草のようにミイラとなって謝罪したということです。

久蔵が彫った自然石は、天保13年に増田を訪れた六部、政治郎が久蔵の偉業を称えた碑と並んで、真人公園の一角に建てられています。

天道様が見てござった
タガネでカンカン、岩ッコロ、コロコロ
ザブンコ　ドブンコ水はねた
久蔵さん道つくり
トッピンパラリコ
サンショの実

久蔵塚

真人へグリの道が完成した後のことでした。

久蔵は、祈願した神仏に誓いどおりの報謝が出来なかったことをわびて、即身仏となって謝罪しようと思い立ちました。

半助村のはずれにある一本杉の根元に穴を掘り、

「私はこれからこの穴の中に入り、飲まず食わずで読経を行い、即身仏（ミイラ）になろうと思います。私が振る鐘の音が絶えたら、掘ってください」

と、村人に頼み、穴に入りました。

その日から40数日経つと鐘の音が聞こえなくなりました。

「鐘の音が聞こえなくなったぞ。どうする、掘ってみるか？」

「どうも気味が悪いなぁ……」

だれも掘り起こそうとする者はいませんでした。そのため、その場所がそのまま久蔵の墓になりました。

「久蔵塚」と呼び、杉の木の下に小さなお地蔵さまが祀られたそうです。

久蔵翁の記録発見

昔から、真人へグリの道を開いた久蔵は「青の洞門」にトンネルを掘った「禅海和尚」と同じだと称えられてきました。

「青の洞門」は、大分県にある最古の有料道路と言われる洞門です。禅海和尚がノミと槌だけで30年をかけて難所にトンネルを掘り「鎖渡し」でいのちを落とす人々を救ったという伝承が残されています。

久蔵の話も口承で伝えられていましたが、昭和の初めに沼田平治氏が秋田図書館の古文書より久蔵の事績を発見しました。ついで、柿崎左平氏が古文書を元に土中から久蔵が完成時に掘ったといわれる石碑を掘り起こしました。

そして昭和13年、当時の椿川小学校長が、手倉の旧家、菅原家に保存されていた「六部の奉加帳」を見つけました。

六部というのは、六十六部のことで、法華経を六十六回書写して、六十六の霊場に納めて歩いた巡礼者。または、鉦や鈴を鳴らして、米銭を稼いで歩いた者のことです。久蔵の話を聞いた六部の政治郎は痛く感動し、久蔵の碑を建てるために寄付を集めました。そのときの奉加帳でした。政治郎は京都の東山生まれとのことで、久蔵碑を建てたのは、江戸時代の天保13年（１８４２）のことでした。

その記録によりますと、久蔵の刻んだ石碑は、冬にきこりが木材を運ぶときにぶつかり、わからなくなっていた事。久蔵の６年に渡る苦心の状況。三吉明神の力をかりた事。その報謝のために40日の断食をした事、などが記録されています。（増田郷土史）

現在、真人公園には久蔵が自然石に刻んだと言う石碑と、六部の政治郎が寄付を集めて建てた石碑が二つ並んでいますが、久蔵の霊力がそうさせたのであろうと、当時は言われたそうです。

※沼田平治氏は、横手市根岸町在住の郷土史家。深沢多市氏などと共に「秋田叢書」の編纂にかかわりました。ペンネームは秋山晴雄。増田実科高等女学校の校長をしたこともありました。

※久蔵については、昭和25年発行の「義人久蔵伝」（増田町、沼沢久蔵遺跡保存会）に記されており、花見時には「久蔵祭り」も行われていました。

コロリ地蔵（満福寺）

増田の満福寺は大きなお寺で、15の末寺を持つ名刹と言われています。

昔、満福寺の裏には焼き場（火葬場）がありました。その焼き釜の守り本尊として地蔵さまが祀られていました。「釜地蔵」と呼ばれていたそうです。

焼き場（火葬場）が別の場所に移されてから、この釜地蔵さまを、だれ言うとなく「コロリ地蔵」と呼ぶようになりました。

「苦しまずにコロリと死にたい」

とお願いすると、そのとおりにコロリと楽に死ぬことが出来ると信じられるようになり、コロリ地蔵という名前がついたのだそうです。

昭和のころは「五社参り」と言って、大森のらんばさん（中風）、浅舞の手足観音さん（沖揄神社）、雄物川の首塚さん（頭痛、脳卒中）、筏の仙人さん（腹痛）、増田のコロリさんなどのお参り人が絶えませんでした。

最近では、病気の回復をはじめ、交通事故に遭わないようにとか、合格祈願など、願い事はなんでも叶うと信仰されています。

コロリ地蔵さまは、たいへんタバコの好きな地蔵さまで、お線香と一緒にタバコを供えると、願いが叶えられると言われています。

二本杉物語（土肥館）

現在、増田小学校のある土肥館は、増田城の跡地とされています。南部氏の家臣であった小笠原義冬が築城したのが始まりで、小笠原氏はお城（館）の近くに祈願所を設けました。

のちに小笠原氏から土肥氏が治めることになり、祈願所を「増田山満福寺（ぞうでんさん　まんぷくじ）とあらため、お城の鬼門にあたる現在地に遷したとされています。このときから満福寺は、土肥氏の菩提寺であり、増田の鎮護でもありました。

小笠原義冬がお城（館）を築城するときの悲しい物語として「二本杉の塚」のお話が、今も残されています。

むかし、昔。

信濃（長野県）の国からこの地に入部して、稲川の三又城を治めていた小笠原義冬が、増田の地にお城を築くことになりました。（一説では、応永14年（１３２５）源頼朝の家臣、土肥次郎家平の子孫、頼平が築いたと伝えられていますが確証はありません）お城の西北側を防備上固める必要がありました。そこで義冬は、お城の安泰を願うため人柱をたてることにしました。そこで家来に、

「お城を造るにあたって人柱をたてなければならぬ。自ら進んで犠牲になってもよいという、生娘（きむすめ）がいないか探して参れ」

いいつけました。家来もあちこち探しました。

そして、お杉という貧しい農家の娘に白羽の矢を立てました。お杉は、年のころは16歳。容姿端麗でとても清楚な、美しい娘でした。歩く姿は、まるで芙蓉の花のようでした。

村の男たちも、お杉を嫁に欲しいものだと思っていました。その中でも、杉蔵と石蔵という二人の若者が熱心に通って来ました。杉蔵は体もたくましい屈強な模範青年でしたし、石蔵は固い信念を持った模範青年でした。どちらも甲乙つけがたい立派な若者でした。

そして、杉蔵も石蔵も、お杉と結婚できないのなら自らのいのちを絶つというのです。お杉は困っていました。杉蔵を選べば、石蔵が死ぬし、石蔵を選べば杉蔵が死ぬことになるのです。

「私の身は一つしかありません。ありがたいことですが、私はどうすればよいのでしょう

か」

お杉は二人の若者の間で悩んでいました。そこへお城の人柱の話が舞い込んできたのでした。

『そうだ、私が人柱になれば、杉蔵さんも石蔵さんもいのちを絶つ必要がなくなる。私さへいなくなれば二人はあきらめてくれるにちがいない』

そう思って、人柱になることを決めたのでした。

「私のいのちでお城を守護することができるなら、喜んで人柱になります。父さん、母さん、どうか先立つ不幸を許してください」

お杉は両親を説得して、城主に申し出たのでした。この話を聞いた城主、小笠原義冬は、お杉を自分の娘としてもらいうけました。

人柱にされる日のことでした。お杉は金襴緞子のきれいな着物を着せられ、ほんとうのお姫様のように美しい姿で西北の埋められる場所に歩いて行きました。やはり埋められる運命の牛を一頭引き連れて歩いて行きました。お杉の涙でしょうか、空からはハラハラと霧雨が降り、お杉の着物を濡らしました、

「土をかけよ！」

深く掘られた穴の中に入れられたお杉と牛の上に、ドカドカと重い土がかけられました。人柱のおかげで、お城の礎が築かれ工事も順調に進んだと言う事です。そして、お杉と牛が生き埋めになった塚の上には二本の杉の木が植えられたということです。

この杉を「二本杉」と呼びました。

ところが、このお話はまだ終わりません。

お杉が人柱になって亡くなったあと、杉蔵と石蔵の二人の若者はこころを痛めました。自分達のために芙蓉の花のように美しく、純真なお杉を失ってしまった後悔の念にさいなまれました。二人は、

『男として、めんもくないことをした』

そう思いました。

杉蔵は、白装束を着てお杉が生き埋めにされた場所に行きました。そこに静かに座り、お杉にわびました。

「お杉さん、ひとりではいかせないよ。私も一命をすてることにした。鬼となり、末永く一緒にお城の安泰を守ろうではないか」

そう言って、その場で自害して果ててしまいました。

また、石蔵はその場所から西北に三百間ほどの所で、やはり切腹してしまったのです。

村人達は、この三人の若者を哀れんで、生き埋めになった塚には二本の杉を植えました。石蔵が切腹した場所には「石神神社」という祠を建てて供養したということです。

それから、二本杉のそばには芙蓉の花が自生して、毎年美しい花を咲かせるようになりました。お杉の容姿を写す形見の花ということです。

増田の盆踊りのはじまり

増田の盆踊りのはじまりは、お杉と二人の若者、杉蔵と石蔵の霊を慰める念仏踊りから始まったとされています。

時は流れ、小笠原氏に代わり土肥氏が増田城を治めることになりました。お城を築くときの悲運を哀れんだ土肥氏は、お盆の15日に自ら施主となり、二本杉のある姫塚のまわりで念仏踊りを踊らせ、鎮魂したのが始まりとされています。

江戸時代の元禄のころに、音のない供養の念仏踊りに民謡も取り入れられるようになったそうです。
三百年ほど前の増田の盆踊りは、二本杉を中心とした八木街道にかがり火を焚き、笛、太鼓、鉦の調子に、秋田音頭のおもしろい地口ではやしていたそうです。さまざまな衣装を着た男女が旧盆の17日から20日まで、毎夜踊り狂うという増田独特の踊りでした。（現在は、8月16日に中七日町通りで行われています）
盆踊りの振り付けは5番まであり、姫が牛と一緒に引かれて行き、人柱として埋められるという、悲運の物語に沿った振り付けがされていると言われています。また、7月8日前後には、16日の本番の盆踊りとは別に、二本杉のまわりで奉納盆踊りが行われています。
盆踊りのお囃子は、現在はサイサイ囃子だけだそうですが、明治時代まではサイサイと剣ばやしをかわるがわる行っていたそうです。サイサイ囃子は思慕哀愁の調べ、つまり「陰」女性的であり、剣囃子は高雅壮重の調べで「陽」男性です。両方を行わなければお囃子としての体裁をなさないとも言われているのです。

どんぢぎ唄（土突き唄）

「二本杉」の土盛りは、毎年少しずつ崩れ落ちて低くなるそうです。そのため、昔は一代に一回ずつ共同作業で土盛りをしたそうです。お城の西北の地を守り固めることは、戦略的に大切なことだったのでしょう。

この二本杉の土盛りをして、地固めをするときに「どんぢぎ（土突き）唄」を歌いながら作業をしたそうです。

「また〇〇おがた（大きくなった）、おがた〇〇見れ。かしらふる　かしらふる……」と多少卑猥なものも歌われたようです。

どんぢぎ（土突き）唄は、昔は大きな建物をたてるときや土木工事などの基礎固めのとき「どんぢぎ・どんじき」を突きながら唄ったと言われています。

土台を固めるための、土突き作業による地固めの目的のほかに、強力な霊力を土中に搗き込めるという信仰的な意味もあるとされています。土突きの動作や歌詞にそれが残っていると言いわれる労働歌でもあり、祝い唄でもあります。

歌詞の多くはその場に応じた即興で作られました。歌詞は違うと思いますが、昭和50年に「広報増田」に掲載された「どんぢぎ唄」です。

〽ここは　大事の大黒柱　イヨッ
　こがね柱に　ハアードッコイ
　　ゼニがなる　ゼニがなる
　　　いうならヒョータンよ

〽おまえ百まで　わしゃ九十九まで　イヨッ
　ともに白髪の　ハアードッコイ
　　はえるまで　はえるまで
　　　いうならヒョータンよ

〽どんぢぎちきゃ　楽だとみせて
　楽じゃない　ハアードッコイ

飲めば酔う　飲まねばすずら
うたわれぬ
ヨイヨイヨイトナ　アリリャン
コリリャン　ヨイトナ

〽金のなる木を　ひともとほしい　イヨッ
植えて育てて　ハアードッコイ
孫にける　孫にける（あげる）
いうならヒョータンよ

〽植えで育てて　ただではくれぬ　イヨッ
しんぼうするどご　ハアードッコイ
みてくれる　みてくれる
いうならヒョータンよ

縫殿《ぬいどの》の小原氏と通覚寺（縫殿）

「縫殿（ぬいどの）」という珍しい地名は、小原義実（おばらよしざね―のちに小原縫殿之助）という武士の屋敷があったからと言われています。屋敷跡には現在でも、モミの木の大木がそびえたっています。

縫殿之助（ぬいのすけ）という名前についてですが、律令制における中務省（なかつかさしょう）縫殿寮に属する官職では、天皇や賞賜の衣服を裁縫し、また女官の考課（勤務状況、品行調査）と名簿、衣装の裁縫の監督を司った役所とされております。「助（すけ）」は職員の位で言うと「頭（かみ）」である長官に次ぐ役職で、次官（正六位下）ということになります。縫殿之助という名前は、この官名を名前に取ったものと言われています。つまり、中務省縫殿寮縫殿助（なかつかさしょう、ぬいどのりょう、ぬいのすけ＝次官）という職名です。

小笠原氏にも縫殿助（ぬいのすけ）を名乗った者は多くおりますし、伊達家の家臣で、伊達政宗の弟、小次郎の守役だったのも、小原縫殿助です。同一人物かどうかはわかりませんが、縫殿助は小次郎が兄の伊達正宗に暗殺されると、遺骸の埋葬場所を求めて各地をさ迷います。そして、宮城県登米市津山町横山の長谷寺に埋葬します。埋葬が叶った後に、縫殿助は「50間離れた場所に埋葬してくれ」と遺言し、殉死しました。ですから、長谷寺には小次郎の墓、長谷寺の南側にある石念山の山頂には、縫殿助の墓があるとされています。一説には、正宗は小次郎を縫殿助に託して逃亡させたとも言われる逃亡説もあり、東成瀬や山内三又にその伝承が残っています。

小原氏は奥羽の名族（和賀一族で、須々孫（煤孫）氏？のち小原氏）で、須々孫（のちに煤孫）城主でしたが、義村の代で和賀一揆が起こります。須々孫義村の嫡男、義豊と兄弟の義勝、義実は、主従七人と一緒に小松川（横手市山内）に落ち延びます。その後、亀田（増田町）に来て新田開発に従事します。嫡男の義豊は半助村、弟の義勝は増田、義実は縫殿村（ぬいむら）に土着したと伝承されています。その後、増田の義勝は病死し、子孫は残らなかったそうです。

慶長年間（江戸時代初期）になり、佐竹義賢が増田城主となったとき、小原縫殿助義実は一揆の功績により60石を賜ります。その後は新田開発により４００石となり、足軽三十余人を支配する身分となりました。（のちに、50石）

縫殿助義実は、縫殿から駒形村羽場付近を開墾して「縫殿村（ぬいむら）」を開きました。その子孫は、代々「通覚寺」と久米田家との間の土地を屋敷として住居したということです。小原三家の増田地方の開拓の功績は大きく、義豊は「因幡堰」、その息子である丹波は「関合」を開拓したと言われています。

慶長16年（1611）、小原縫殿助義実の母、釋尼妙教禅尼の志願によって、近くの関ノ口（手倉街道沿い）にあった、東流山通覚寺を現在の縫殿の地に移転したと言われています。（通覚寺は、長享年中は狙半内にあり、のち関ノ口、縫殿の現在地に移されている）

小原家は、のちに寺子屋を開き、縫殿村の者達はもちろんのこと、増田の多くの者たちが寺子屋で学んだということです。

※小原氏は、須々孫氏（岩手県西和賀町須々孫（煤孫）周辺を所領）であり、「西の和賀氏」と呼ばれる和賀氏支族でしたが、宗家和賀氏の滅亡と共に落ちのびたあたりから小原を名乗っています。

※「縫殿助組」と称される開墾団は、奥州仕置きで浮浪の身となった浪士たちで組織されました。後藤寿庵の影響下にあった隠れキリシタンや、一向門徒衆の「隠し念仏」や「マイリノホトケ」信仰との交流があったと言われており、開発手法はキリシタンの技術を踏襲したものと言われています。

※義実の系譜略系

義晴（本姓多田、和賀薩摩守）─義村（小原七郎右衛門。初めは弾正、のち上野介）─義実（實）（小原七郎右衛門、縫殿助）─吉次（小原仁蔵、縫殿助）─吉仲（小原七郎右衛門）─宏吉（小原蔵人）

佐竹氏の家中となって、一家一門以外に「義」を使うことは許されなかったため、義実は佐竹東家より「吉」の一字を賜り「吉実」と改めました。

（詳しくは、「西の和賀氏」小原藤次著　参照）

「ほたるまち」の由来

江戸から明治の初めころまでの増田は、表通りを質素な町屋が軒を連ね、家の奥にある内蔵や裏庭を豪華にしておりました。家の後ろからほのかにもれる明かりが、さながら蛍（ほたる）のようであることから「ほたるまち（蛍町）」と呼ばれました。

また、一説には、湯沢市岩崎の天ケ台（あまがだい）という山から増田のまちを眺めると、ほたるが飛んでいるように見えることから「ほたるまち」と呼ばれるようになったとも言われております。

昔から増田の住人たちは、資産を他人に自慢するよりも、むしろ裕福であることを隠す傾向にあるとされ、家の建築や店構えも、表向きは質素にして、裏向きを美しく飾ったと言う事です。このような風習は、家屋や庭園を造るときだけでなく、身なりや服装にも言えることでした。資産家や大店の主人であっても同じだったと言われています。

ところが、明治以降の経済成長や大正の吉野鉱山景気によって、表向きも堂々とした構えの建築ラッシュが起こります。家の建築で競うばかりでなく、ヒゲをたて、身なりも立派にするようになりました。

意匠を凝らした大型店舗への改修は「ほたるまち」としての機能をしだいに失わせていったそうです。

増田の内蔵

増田の内蔵は「鞘建物（さやたてもの）」に覆われているため、今までその存在はよく知られていませんでした。通りに面している「店蔵」や、屋外に建つ「外蔵（とぐら）」とは区別されているため、

「隣人ですら、その家に内蔵があるかどうかわからない」

という具合で、現在も実数は正確には把握されておりません。現在、約50棟が確認されています。

外蔵や店蔵を加えると１００棟を超えるそうです。

内蔵は、物品の収納を目的とした「文庫蔵」と、当主の居室や冠婚葬祭などに利用され

た「座敷蔵」とに大別されますが、家族などごく限られた者しか立ち入りを許されなかった例が多いようです。

内蔵の特徴は「磨き」によって仕上げられた黒漆喰の壁や扉です。正面と背面に掛子塗り（かけごぬり）の扉を構え、壁は黒または白の漆喰で磨き上げられています。扉は組子作りの漆塗り木枠で保護され、天井の太い梁などが特徴です。内蔵は、雪と経済力と職人の技術が融合した足跡が、目に触れない形で現在にまで継承されてきた文化財と言えます。

増田十文字の猩々碑

昔。

十文字新田一帯は「十五野原（じゅうごのはら）」と呼ばれる広大な原野でした。その中を通っていた、横手から湯沢への街道と、浅舞から増田への街道が交差する十字路を「増田十文字」と呼んでいました。

十五野には妖しげなキツネが多く棲んでいて、夜に通る酒に酔った人々や吹雪の日などは、この十字路でよく道に迷いました。そのため、キツネにだまされたと噂しあいました。

これをみかねた増田村通覚寺の十四世住職、天瑞和尚は、自らの手で石に猩々（酒仙）像を刻み、その酒がめに、

猩々の左は湯沢　右横手

うしろは増田　前は浅舞

と刻んで、十字路に立てて道標としました。それからは道に迷う者もいなくなったと言う事です。

この猩々像は、十文字の栄昌寺境内、地蔵尊堂にありますが、長年風雨にさらされたために、頭部と腕の部分が破損しています。現在は、レプリカが辻に置かれています。

江戸時代の文化14年の春ころのことでした。伊太郎という者がこの原野の十字路に初めて家を建て、茶店をはじめました。次いで文政2年に春吉が家を建て、秋には金助、清介、正七、松之助、久太郎、新太郎など、次々と家を建てたので9軒の村となったということです。

十文字には増田近郊の次男や三男などが家を構えるようになったため「オジコ町（長男でない次男や三男を呼ぶ方言）」と呼ばれるようになったといわれています。

※東流山通覚寺は、長享2年（１４８８）の草創とされています。最初は狙半内の河口に一宇を建立しましたが、増田の関ノ口に移りました。その後、慶長16年（１６１１）に、縫殿（村）を開村した小原縫殿之助吉美の母親、妙教（法名、釈妙教禅尼）の志願により、現在の地に移転したとされています。通覚寺の後ろには舟を繋ぐサイカチの大樹がありました。

呪われた短剣

むかし、昔。

成瀬川には河童が棲んでいました。

ある日のことです。この川で水浴びをしていた女の子が溺れて死んでしまいました。

「これはきっと、河童にやられたにちがいない」

村人は噂しあいました。女の子の父親は、無念やるかたなく、河童を捕えようと川の中を探し歩きました。そして、やっと河童の主をみつけました。

「娘の仇だ。思い知れ！」

父親が短刀を突きつけると、河童は口をとがらせて、

「まってくれ、早まるな。娘を殺したのは私ではない、大蛇だ！」

そう言って、淵に棲む大蛇を退治する方法を教えてくれました。

それから数日後のことでした。父親は、河童のおかげで世にもまれな大蛇をしとめました。大蛇の眉のウロコは、鏡のように妖しく輝いていました。父親は眉のウロコを剥ぎ

取って家に持ち帰りました。ところがそのウロコは、半切り（タライ）に入れても、桶に入れても、たちまちのうちにいっぱいになって光り輝いたということです。

大蛇を殺した短刀は、あまりにも切れ味がよく、薄気味悪くなったので畑に捨てましたが、なかなか錆びなかったので、角間川町（大仙市）のあるお寺に献納されました。ところが、お寺の住職がその短刀で切腹してしまったのです。

短刀はそれから回りまわって、寺田伝右衛門という老人の元へ預けられました。伝右衛門は、真人山から庭石を運んで自分の庭に飾って楽しんだ老人でした。俳句を好み、物知り老人として有名だったそうです、

ところが、間もなくこの老人も短刀で切腹してしまいました。

「短刀には大蛇の怨念が宿っているに違いない。呪われた短刀だ」

と、気味悪がられて、今では平鹿町上吉田の西法寺に納められていると言うことです。

お松とお玉（湯の沢）

昔のことです。

湯の沢（増田町湯の沢）には「お伊勢参りの松」と呼ばれている松があります。

お伊勢参りに行ったといわれている、大きな立派な松の木には「お松」という名前が付いていました。また、その松の木の下には「お玉」という、大きな丸い石（玉石）がありました。

あるとき、このお松とお玉が、人間の姿でお伊勢参りに出かけたそうです。道中、二人仲良く旅をして、あちこちを見物しながら旅籠屋（旅館）に泊まり、湯の沢に帰ってきました。

次の年、伊勢の旅籠屋からお礼の手紙が届きました。その手紙には、

「昨年のお伊勢参りでは、お松とお玉に大変お世話になりました」

という内容でした。

「お松とお玉という者がお伊勢参りをしたそうだ。どこのお松とお玉であろうか」

肝いりが探しますと、湯の沢の老松とその松の下にある玉石であることが判ったと言う事です。

それから、この松を「お伊勢参りの松」と呼ぶようになりました。老松を「お松」、丸石を「お玉」と呼ぶようになったということです。

一反三百ソンプラリン　（菅生）

むかし、昔。

人の言う事には何にでも反対する姑と嫁がいました。二人とも負けず嫌いで、なかなか勝負がつきませんでした。

ある日のことです。お寺の前で風鈴が鳴っていました。嫁が、

「フラシャラリンがよく鳴っていますね」

と言うと、姑は、

「いやいや、あれはシャラフラリンというものだ」

と言います。

「お母さま。あれはフラシャラリンです」

「いや、シャラフラリンだ」

二人とも言い張るので、お寺の和尚さまに決めてもらうことにしました。姑も嫁も負けるわけにはいきません。二人とも、こっそりとお寺に行って、

「どうか和尚さま、私を勝たせてください」

言って、木綿一反と金三百文を渡しました。

そして、いよいよ勝負の日になりました。和尚さまは、

「よいか、これから白黒をつけようと思うが、どうなっても文句は言わないと約束できるか」

言いました。

「はい、文句などいいません」

姑も嫁も、こころの中では、

「フラシャラリンと言ってくれるだろう」

「シャラフラリンと言ってくれるだろう」

と思いました。ところが和尚さまは、

「よいか。これは一反三百ソンプラリンというものだ」

そう言って、二人からもらった木綿二反と、金六百文を丸もうけしたそうです。

気がおさまらない姑と嫁は、お寺から帰る途中に出店でほら貝をながめている男に会いました。

「このほら貝は何で出来ているのでしょうね」

男が聞くので、姑は、

「切り抜き（桐の木）」

と答え、嫁は、

「彫り抜き（朴の木）」

と答え、また争いになったと言うことです。

姑と嫁の不仲はどうしようもないもので、どちらに味方してもだめなものだそうです。

貧乏士族

むかーし、昔。

扶持の少ない貧乏な士族が、親子五人で暮らしていました。

ある朝のことでした。

「活きのいい魚っこ、いらねぎゃ。大したうめんしど」

魚売りのアバ（母さん）が、魚かごを担いでふれ売りに来ました。

「アバ（妻）、魚だど……」

「オド（夫）、魚なんて、しばらぐ食ったごどねな。わらし（子ども）達さ食わせだら、なんぼ喜ぶべな」

言ってるうちに、魚売りのアバ来て、

「今朝入ったばりの魚っこだんしど。なただんしが？安ぐするがら買ってけれ」

言うものだから、夫婦は、

「あ、この魚は焼げばうめべな。この魚は煮魚だな」

なんて選んでいるうちに、たくさん選んでしまったそうです。でもお金がなかったので、

「いやー、めんぼぐね。いまおら家さは一文もねども、晩方になれば金入るがら、それまで貸してけねもんだんしが」

頼んだら、魚売りのアバは、

「ああ、えよ。したら晩方まだ来るがら、お代を用意しておいでけれな」

気前よく言って、スタスタと別の家に売りに行ってしまいました。

貧乏な士族夫婦は、その魚を煮たり焼いたりして、おなかいっぱい食べたそうです。

「お魚って、こんたにうめがったんだなぁ」

子どもたちの喜ぶ顔を見て、一時は幸せな気分になりましたが、お金のことを考えると頭が痛く、時間は刻々と過ぎて行きます。そこで、オド（父）は、娘達を呼んで、

「お前達、お魚うめがったな。したども、家さは銭がないのだ。悪い事だども、居留守を使うごどにする。えが、庭さは木がえっぺあるがら、お前達は好ぎな所さ隠れでれ。だれが来ても、何と呼ばれでも、声出さねで黙って隠れでれよ」

そう言って、子供たちを木の陰に隠しました。晩方になって、魚売りのアバがお代を取りに来ました。

「めんぼがねんし。今朝の魚のお代、もらいにきたんし」

アバが声をかけても、返事がありません。

「あれ、おがしな。家の中も真っ暗だな。だれも居ねもんだべが」

魚売りのアバがあきらめて帰ろうとした時でした。ナデシコ（撫子）の花の陰から、ココロと唐傘が風で転がって来ました。そして、その後を追って、10歳ばかりの女の子が出てきました。

「あら、お譲さん、居だったなが？お父さんはどごさ行ったなよ？」

聞くと、女の子は、だまって下を向いて返事をしません。魚売りのアバも引き下がるわけにいかないので、

「お父さんはよ？お母さんはよ？どごさ行ったなよ？」

何回も、何回も聞きました。すると女の子も黙っているわけにもいかなくなり、ボソリと、

「父ボタン、母シャクヤク、姉ツツジ、妹シラギク、われナデシコの花」

と和歌を詠みました。

「あらら、お嬢さん。和歌詠むなんて賢いごど。どれ、もういっぺんその和歌聞がせでけ

ねが」

言われで、気をよくした女の子は、少し声を大きくして、

「父ボタン、母シャクヤク、姉ツツジ、妹シラギク、われナデシコの花」

と言いました。魚売りのアバは、

「ほう、ほう。いい和歌だな。おらの家さもお嬢さんと同じ年頃の娘いるども、こんた和歌など詠めねよ。あんまり上手だがら、何がごほうびやらねばな。んだ、魚っこちょこっと売れ残ったがら食べでけねが」

魚売りのアバはそう言って、魚を女の子の手に持たせました。

「それがら、お父さん来たら、今朝のお魚のお代はいらねがら、心配しねたてえって言ってけれな」

そう、ボタンの花のほうに声をかけたそうです。花の陰に隠れていた女の子の父と母は、魚売りのアバに手を合わせて拝みながら、涙ぐんでいました。

アバは、空になった魚かごを抱えて、日の沈んだ道を遠ざかって行ったそうです。

魚売りのアバのおかげで、貧乏士族の一家は、一時は助かったということです。

キツネにだまされた話　（三栗）

むかーし、昔。

三栗（みつくり＝上吉野と湯の沢の間）に、馬喰郎（ばくろう）がいました。

ある夜、増田の町からの帰り道のことでした。狗留孫仏（くるそんぶつ＝真人発電所跡に近い神社）の「場かけ」と呼ばれる崖の渕まで来ましたら、何やら話し声が聞こえてきました。

「こんた晩方遅ぐに、だれだもんだべ」

話し声のする方を見ましたら、吉野の川原毛（かわらげ）のキツネと、同じ吉野の愛染（あいぜん）のキツネが話をしていました。

「何、しゃべってるもんだべ」

馬喰郎は、聞き耳を立てました。すると、

「増田の石田四郎兵衛の家で、馬っこ買うそうだ。それでよ、俺が三栗の馬喰さ化けるがら、お前は馬っこさ化げれ。して、銭んこもらったらサッサど逃げで、銭んこ半分こするべし」

愛染のキツネが川原毛のキツネに言っていました。

「ほー、それはおもしれ。やるべ、やるべ」

「したら、明日の朝間、夜明げる前に、ごごさ来い川原毛」

「ん、わがた」

キツネは別れて行きました。

「これはいい事聞いだもんだ。どれ、キツネどご騙してやるべ」

馬喰郎は、次の朝早くに愛染のキツネのところへ行って、キツネを山に追ってやりました。そして、狗留孫仏の場かけに行って、川原毛のキツネが来るのを待っていました。

「おい愛染、お前化けるな上手だごど。本物の馬喰郎だど思ったけ。あー、どでんした（ビックリした）」

本物とも知らない川原毛のキツネは、恐る恐るヤブから出て来ました。馬喰郎は、知らぬふりをして、

「したら行ぐが。お前も早く馬っこさ化げれや」

言って、四郎兵衛の家に行きました。四郎兵衛の親方は、キツネが化けた馬とも知らず、

「これはいい馬だ」

と、高く買って、ご馳走までしてくれました。そして、馬喰郎が小便しに外へ出ると、馬に化けた川原毛のキツネがうらやましがって、

「わばり（自分だけ）ご馳走になってなえだ。俺さも何が持って来いや」

言うので、馬喰郎は、

「あの馬っこ、酒粕好ぎだがら、酒粕どっさり食せでけれ」

若勢に言って、酒粕をどっさり食べさせたそうだ。馬喰郎は、酒粕に酔ったキツネが正体を現す前に、銭を懐に入れてサッサと帰って来ました。

馬喰郎が帰った後に、エリをやろうと馬小屋に行った若勢は、びっくりしました。なんと、酔っ払った馬の尻尾に、キツネの尻尾が付いていたのです。

「ギャーッ、キツネだー。だれが来てけれ！」

大声で叫びました。あまりの大声に、川原毛のキツネもハッと気がついて、

「こりゃ失敗。めっけられでしまった」

思って、キツネの姿にもどって、死に物狂いで馬小屋から逃げていきました。

四郎兵衛の家では、

「あの馬喰郎もキツネに違いね。キツネに騙されだ」

そう思って、馬の代金をあきらめたそうです。

キツネを騙した、三栗の馬喰郎は、丸儲けしたそうです。

とっぴんぱらりのプー

（吉野、松井惣左衛門さんの話）

※狗留孫仏は「狗留尊仏」「拘留孫仏」「倶盧尊仏」「黒尊仏」などの漢字が使われています。くるそんぶつと読みます。おしゃか様以前の七仏の４番目とされる古い仏さまです。真人山の東方にある奇岩を黒尊仏として祀ったとされています。ほかにも、大日岩、愛染岩など仏名のついた岩があり、修験者の道場だったとされています。

成瀬川と並行している真人山の南側に沿い、県道３４２号を行くと頭上に岩壁が見える場所です。

オオカミのまつげ　（亀田）

むかーし、昔。

亀田に夫婦が住んでいました。いくら働いても貧乏でした。そこで男は、

「ああ、おら（俺）生ぎでるな、やんかぐ（嫌に）なった。オオカミにでも食われで死ねばえだ」

思って、真人山の奥のオオカミの巣穴に行きました。穴の前にゴロッと寝転んでいると、オオカミがやって来ました。二匹も、三匹も来ましたが、男をチラッと見ただけで、食べずに帰っていきます。そのうち、大きなオオカミが来たので、

「俺を食べてくれ」

と男はいいました。するとオオカミは、

「お前は人間だがら食べね。お前の妻は牛だがら、なんぼ働いだたてだめだ。ほれ、このまつげけるがら、家さ帰って見でみれ。人だが何だがわがるがら」

言われて、オオカミのまつげを一本もらいました。家に帰って、まつげで妻を見てみる

と、やっぱり大きな牛でした。

「これなば、とても一緒には暮らせね」

思った男は、増田の町まで来て、辻さ立ってオオカミのまつげをかざして見ました。なんと、通る人、通る人、首から上は猫なの、犬なの、キツネ、タヌキ、鹿、蛇、馬、蛙、ニワトリ……。みんな畜生ばかりでした。

「はーっ、たまげだもんだ。人間のこころぞうなわがらねもんだな。あー、おっかねもんだ」

男が思っていると、向こうのほうから炭売りの女の人が歩いてきました。その女の人は人間の姿でしたので、男は後をつけました。女の人は、山奥の立派な一軒家に入って行きました。

「めんぼぐねんし。道さ迷ってしまって、今晩一晩泊めでもらえねんしべが」

男が、ドンドン戸を叩いて頼んだら、女の人はこころよく泊めてくれました。

お屋敷の中には、炭を焼く大きな釜がありました。でも、人の気配はありませんでした。

次の日の朝のことです。男が炭焼き釜をオオカミのまつげで見てみると、炭はみんな金で、ピカピカと光っていたそうです。

男はその女の人と夫婦になって、金持ちになったという事です。

ばくち打ちのブッタクレ　（八木）

むかし、昔。

八木の村に、ばくち打ちのブッタクレな者がやってきました。八木という地名は、元は「米」という字でしたが、米という字は八に木と書くことから「八木（やぎ）」となったと言われています。

ブッタクレは、一夜の宿を頼みましたが、どの家でも泊めてくれませんでした。

「村はずれさ無住の神社があるがら、そござでも泊まるだ」

言われて、神社に行ってみました。だれかが住んでいたらしく、米や味噌、薪までありました。

ブッタクレは晩の仕度をして、夕飯を食べて、ウトウトしながら寝てしまいました。すると、ドンドンドンと戸を叩く者がありました。

「だれだろう、こんな夜中に……」

ブッタクレが入口まで行こうとすると、

「テイリュウゴンゲン殿、ご在宅か」

と言う声がします。すると、どこかから声がして、

「どなたでござる」

と答えました。

「東河の馬骨（とうがのばこつ）でござる」

「入られよ」

言って、招き入れる音がしました。

「はて、東河の馬骨とは、何者だべ？」

ブッタクレは思案して、

「東河どは、東の河の事だべ。せば、馬骨とは、馬の骨の事か？これはきっと化け物に違いね」

思っていると、また、ドンドンと戸を叩く者が来ました。

「テイリュウゴンゲン殿、ご在宅か」

「どなたでござる」

「西竹林の鶏（さいちくりんのけい）でござる」

「入られよ」

また、招き入れる音がします。

「はてな。西竹林の鶏とな? 西の竹林のニワトリのことだな」

思案していると、またドンドンと戸を叩く者がいました。

「テイリュウゴンゲン殿、ご在宅か」

「どなたでござる」

「南海の魚（なんかいのぎょ）でござる」

「入られよ」

また戸の開く音がします。

「南海の魚とは、南の海の魚の事だべな。やっぱりこれも化け物がや。何と、次々になんだもんだべ」

思っていたら、またドンドンと戸を叩く者がいました。

「テイリュウゴンゲン殿、ご在宅か」

「どなたでござる」

「北山の老狐（ほくざんのろうこ）でござる」

「入られよ」

「北山の老狐とは、北の山の年取ったキツネの事だべな」

ばくち打ちのブッタクレが不思議に思っていると、隣の部屋で相談が始まったそうだ。

聞き耳を立てていると、

「みなの者、よく来てくれた。きょうは久しぶりにおいしいご馳走が舞い込んだがら、料理して、酒盛りを始めるべし」

と言う声が聞こえました。酒の肴にされては大変と思ったブッタクレは、大きな声で、

「お前達、正体はわがってるど。東の河の馬の骨に、西の竹林のニワトリだべ。それさ、南の海の魚に、北の山の年寄りキツネだべしゃ。テイリュウゴンゲンとは恐れ入った。ホウリュウゴンゲン（宝龍権現）様の名を騙るとはな。テイリュウゴンゲン、お前は才槌（さいづち）の化け物だべ！」

叫ぶと、ソソソソソソーと去る音がして、物音一つしなくなりました。それで、ブッタクレは、ゆっくり朝まで眠りました。

朝になると、八木の村人達がゾロゾロと集まって来ました。

「泊めねで悪がったな。きっと化け物に喰われでしまったに違いね」

思って神社に来て見たら、ブッタクレはピンピンしていました。

「夕べな、化け物出はらねがったが？」

「出だ、出だ。これこれこういう化け物出たけ」

言うので。村人達は化け物探しを始めました。まず、東の河（川）の底を掻き揚げてみると、大きな馬の骨が出てきました。馬の骨を砕いてみますと、骨の中から血がダラダラと流れてきました。

西の竹林を囲んで、ホー、ホーと追い出してみますと、大きなニワトリがバタバタと飛び出してきました。村人達は化け物ニワトリを退治しました。

南の沼に網を入れてみましたら、大きな鯉が掛かりましたので、これも退治しました。

北の山から年寄りキツネを追い出し、これも退治しました。

最後に神社に帰って才槌を探しましたら、縁の下から古い才槌がみつかりました。砕いてみると、血がダラダラと流れてきたということです。

村人達は、

「こういう知恵のある人を帰すわげにいがね」

どて、ばくち打ちのブッタクレに神主になってくれと頼みました。

それから、化け物は出なくなったということです。

とっぴんぱらりのぷう

※八木にある宝龍権現社では、江戸時代には倅別当（せがれべっとう）という風習があって、男子が7、8歳から14歳まで別当を勤めたと言われています。男女の違いはありますが、伊勢神宮の「御子良子（おこらこ）」に似ているそうです。御子良子というのは、神饌を調える子良（こら）の館（やかた）に使える少女のことだそうですが、男子の倅別当は大変珍しい神事だそうです。

金色のふな

むかーし、昔。

増田町のある沼の近くに、佐吉という百姓が住んでいました。佐吉は魚釣りが大好きで、特に鯉鮒（こいふな）を釣るのを楽しみにしていました。

ある日の早朝のことです。

佐吉がいつものように釣り糸をたらしていると、

「グググーッ、グググーッ」

と、強い引きを感じました。

「おっ、これは大物だぞ！しめた」

佐吉は、釣竿を思いっきり引き上げました。すると、水面からピカピカとまばゆいばかりに光るふな（鮒）が上がってきました。

「あれ！なんだ。金色のふなだ！これは珍しなや」

無我夢中で佐吉は竿を引き寄せました。すると、

「どうかお助けください。もうすぐ子どもが産まれるのです。お願いいたします」

金色のふながしゃべるので、またまたビックリしました。ふなは、必死で佐吉に頼みます。

「金色したふななの、気持ち悪りして食えるもんでもね。ほら、ほら。沼さもどって行げ」

佐吉は、金色のふなを沼に放してあげました。

それから数日した雨の日のことでした。

「ドンドン、ドンドン」

だれかが戸を叩く音がしました。

「だれだべ、こんたに朝早ぐがら、まんつやー」

佐吉が目をこすりながら戸を開けると、きれいな女の人が立っていました。

「この間は、夫を助けていただきまして、ありがとうございました。おかげさまで、子どもも無事に産まれましたので、お礼にまいりました」

「へエー。へばお前、あの時のふなが?」

「はい、さぞ驚かれたことでしょう。実は、夫は沼の主なのでございます」

「ハーッ、沼の主だったながや。どうりで、金色の立派なふなだけおな……」

「お礼にこの桶（おけ）を差し上げます。この桶で水をすくうと、米に変わります」

そう言って、金色の桶を佐吉に手渡すと、スーッと消えました。

「はー、不思議な事もあるもんだ。金色のふなも初めで見たし、金色の桶っこも初めて見る。どれ、試してみるが」

佐吉は金色の桶で、水がめの水を汲んでみました。すると、あらあら不思議！水が白い米に変わったそうです。

金色のふなのおかげで、佐吉は暮らしに困ることもなく、幸せに暮らしたそうです。

ふぐだらビッキ

むかーし。

増田に、ふぐだらビッキという、大きなビッキ（蛙）がいました。背中に青筋の立ったビッキで、長く棲んでいるので、増田の事なら、なんでも知っていました。

「あの真人山の向こうは、東成瀬という村だな。いっぺん行ってみたいものだ」

思って、真人山に登って行きました。東成瀬のほうにも、古いふぐだらビッキが居ました。増田に行って見たいと思って、真人山へ登って行きました。

二匹のふぐだらビッキは、真人山の頂上まで来ると、グーッと伸び上って景色を見ました。ビッキの目は、後ろにあるものですから、自分が歩いて来た方しか見えないのに、気づきません。

「なーんだ、東成瀬なんか、増田ど同じだ、行くこともないな」

「なーんだ、増田なんか、東成瀬ど同じだ、行くこともないな」

二匹のふぐだらビッキは、がっかりして、のたり、のたりと帰っていったそうです。

背中を伸ばして見たのは、自分が棲んでいた土地だったことを知らなかったのです。井の中の蛙大海を知らず、ですね。

とっぴんぱらりのぷう

堅忍塚めぐり（真人周辺）

真人公園を中心として、一里（約4キロメートル）以内には、不思議と堅忍（けんにん＝がまん強く耐え忍ぶ）な人物が多く、後世への教訓を含めて「堅忍塚」めぐりを行っていた記録があります。

堅忍塚めぐりのコースは二里半（約10キロメートル）です。

①黙山和尚（もくざんおしょう）

天和のころ、増田村の林惣十郎の次男として生まれた有名な高僧。少年のころに、満福寺の林峰和尚の手により剃髪得度し、後に東昌寺の隠之道顕和尚に師事し、厳格な試練に耐え典座としての忍苦は有名です。

享保年間（1716～35）、黙山和尚は一時、増田に帰り、清光院跡（増田小学校南側）に、その廃寺を再建しようと試みました。各地にお寺を建設する際の努力を惜しまなかった人と言われています。

分骨碑が渾蔵庵（旧清光院跡地）の跡地にあります。

②一覚（いっかく）父子

一覚（いっかく）というのは人名です。堰を掘るために生涯を捧げたばかりではなく、その息子の行正、孫の善覚と、三代に渡る30年間の間、堰を掘り「一覚堰（いっかくぜき）」の開削に成功しました。

堰は延宝2年（1674）から宝永3年（1706）の32年間に行われました。その根気と奉仕精神に驚かされたと言うことです。

三人の石碑（墓）は、真人山の麓、沢口地区の小松屋三太郎氏の後ろにあります。

③沼澤久蔵（ぬまざわきゅうぞう）

「真人へグリと久蔵」として口伝が伝わっている人物です（別項参照のこと）。難所である真人へグリを7年かけて切り崩し、安全な道を造った人物です。

石碑は、真人公園に2基並んでありま す。一つは久蔵翁が自然石に刻んだもの。もう一つは六部が寄付を集めて建てたものです。また、半助村には「久蔵塚」があります。

④黒坂兵右衛門（くろさかひょうえもん）

慶長19年（1619）、西成瀬村熊淵に生まれた黒坂兵右衛門は「村を豊かにするには、水路を開くしかない」と、沃野の開墾を藩に願い出ましたが許されませんでした。それならばと死を覚悟して望み、磔柱（はりつけばしら）を立てて決意を示し、やっと許可が下りました。私財を売払って資金を調達し、9年かけて開墾を成功に導きました。

現在、磔柱を立てた場所に石碑が建てられています。

⑤機岳和尚（きがくおしょう）

機岳和尚は、西成瀬村小栗山の農家に生まれました。若いときから学問を好む少年で、仏道を志しました。

毎日、仕事を終えると八里もある大屋村の正伝寺まで歩いて往復し、仏教を学びました。夜明けに帰ることが常の日課でした。また、湯沢市山田の最禅寺にも経文を書写するために通ったとされています。

後に大般若経を写し、仏像一万体を彫刻し、駒形村（湯沢市稲川）常在寺で没しました。

月山神社の由来（月山一番地）

月山神社の歴史は古く、奈良時代の創建と言われていますが、神社の縁起書や古記録などは残っておりません。現存する最も古いものは、宝永年中（１７０４―１７１０）に奉納された神額といわれています。

伝承では、月山神社は宝亀11年（７８０）、朝廷の命により平鹿の国府が在城（ざいじょう＝増田町在城）の地に置かれたとき、この地方の鎮守として創建されたといわれています。

出羽三山（月山・湯殿山・羽黒山）は国府鎮護の神社であり、国府が平鹿に移転されたとき、三山遥拝殿を造営して奉納したのが、増田月山神社の創建といわれているのです。この出羽三山の中でも月山の「月山神」は、鳥海山と並び称された国神であることが「延喜式神明帳（えんぎしき　しんめいちょう）」に記されています。

旧社は、現在地の南のほう１５０メートルほどの大槻木（現在はナシ）の所にあったそうです。一時は荒廃して廃社のようになっていた時代もあったそうですが、応永22年（１

415）増田城主であった小笠原信濃守冬広（光冬の子光広とも）が月山神霊を勧請奉祠したのが創立ともされています。その後、江戸時代の文化年中（1804―1817）に現在地に奉還され、秋田城主、佐竹家より崇敬を受けていました。

この月山神社は、月山堂とも呼ばれていますが、それは、この近くに住んでいた武士、小原縫殿之助（おばらぬいのすけ）が、和賀一揆で落ち延び、増田に土着したときに持ってきた薬師像を、月山神社境内に祭ったからといわれています。

また、月山神社は如意山円満寺（修験）が祀っていたそうですが、のちに杉ノ宮吉祥院（羽後町）、現在は二階堂氏が神官を務めています。古くは、国府の鎮守として、のちに郷社となり、明治5年（1872）諸事情により村社となりました。そして昭和17年（1942）、郷社として現在に至っている格式高い神社です。

国府が増田の在城にあったという確証は無く、古記録も現存しないことから、創建は不明のままですが「東山道（推定）」という官道（現在の国道）が、真人山下を通っていたことや、修験の信仰などを考えると、歴史ロマンを駆り立ててくれます。

※如意山円満寺は、現在は廃寺となっています。開祖は、清光院宥善。増田城主土肥次郎高平の三男で、幼少

のころから仏道を志して、そのころあった真言宗の円満寺の弟子となりました。

諸国を巡って、霊山修行をして増田に帰り、のちに改宗して、正長元年（１４２８）に、円満寺を開いたとされています。修験の寺だったようです。初代清光院は、応仁２年（１４６８）87歳で亡くなっています。

平賀源内《ひらがげんない》の宝玉《ほうぎょく》（沢口）

平賀源内が秋田の、しかも増田に来た！

江戸時代の瓦版にでも取り上げたいニュースである。エレキテルで歴史的に有名な発明家、平賀源内は、「解体新書」「秋田蘭画」など、秋田とはゆかりの深い因縁があります。平賀源内が江戸幕府の家老、田沼意次の騒動に連座して江戸から逃れて秋田に来たときのことです。

久松通善という五位太夫の位を持つ、資産家でもあり、学問も出来る男の家に一時期、隠れていたそうです。

鉱山開発に詳しい源内は、その間に真人山の奥の方、倉狩沢鉱山を試掘して事業計画を立てたそうです。事業化されることはありませんでしたが、そのとき源内が作った宝玉という玉が、増田の菅原家に残されていたと言うことです。

源内が作ったという玉は、三都（宋、天竺、日本）の土をこね合わせて作ったものだそうです。黒土には銀鉱を混ぜ、白土には金鉱を加え、赤土には赤銅を交え、それを一つの玉にして焼いたものだそうです。直系は一寸（約3センチ）ほどで、重さは百匁（375グラム）ほどとのことです。

※平賀源内は、田沼意次の推せんによって、阿仁鉱山開発のために秋田に来ました。安永2年（1773）6月末に江戸を立ち、7月12日に湯沢市院内に着きました。角館を経て阿仁銅山に向かいます。帰路は、久保田（秋田市）から増田に来て、田子内鉱山（東成瀬村）や倉狩沢鉱山を試掘したと伝わっています。

※菅原家というのは、増田の豪農、菅原理右エ門の息子、菅原善兵エ（代々理右エ門を名乗った？）のことで、久松通善という号もあったらしい。また、京都に5、6年滞在したことがあり、帰郷するときに、六角大納言より送別に一首の和歌をいただいています。

旅人の　帰ると聞は　うらやまし
　行く故郷は　都ならねど

という和歌であったそうです。

増田の上町、千鳥床屋から内藤薬局（昭和40年代のこと）にかけた大きなお屋敷に住居し「久松の家」と呼ばれていましたが、明治末には秋田市に移住し、のち福島県の飯坂に移ったそうです。

増田銀山（田子内銅山）の経営者だったとも言われています。

※土肥館の東の土堤に菅原理右エ門家が祀った「菅原神社」がありました。社地が狭かったので、広いところに移そうとしましたら、マダ（シナ）の木の大きな切り株がありました。これを除こうと掘り下げたところ「カチカチ」と鍬に当たる物がありました。

掘ってみたところ、紫銅の仏像、土の宝玉、硯形をした石碑が出てきました。この宝玉が源内の宝玉と同じものかどうかは不明ですが、別名を「土睆玉（どかんだま）」「豊運玉」といいます。出土した石碑には、長和５年（１０１２）10月の銘があり、豊運玉の文字が刻まれています。

朱沼の竜神

江戸の発明家として有名な平賀源内が増田に来たときのことでした。

真人山に遊んだり、倉狩沢鉱山の話をしたり、付近を試掘したりしていたのですが、源内は不思議な沼の話に興味を持ったそうです。

増田から東のほうに五里ばかり行ったところに、朱沼という沼がありました。その名前のとおり、真っ赤な沼で、水底まで朱に染まり、岸辺の草木まで赤く染まっていました。そして、この沼には大昔から竜神が棲んでおり、恐がってだれも近づきませんでした。

「あの朱が何なのか、源内先生確かめてくださいませんか」

言われた源内は、

「それでは、水底から朱を採ってきてください」

といいました。

「とんでもないことです。竜神さまに呑まれてしまいます。恐くてとても近づけません」

源内は、少し考えていましたが、紙を広げて、サラサラと何かを書いて、同行人に渡しました。

「朱沼の岸に行ったら、この紙に書いた言葉を声高く読み上げなさい。もしも生き物がいるのであれば、呪文で鎮まっているでしょうから、出てくることはありません。竹筒を沈めて水底の朱を取ってきてください。恐がることはありません」

そこで、男二人が朱沼に行くことになりました。その日は晴天でした。東のほうに白雲のような気が立ち上って見えました。これを見た源内は、

「今、朱沼の朱を無事に採っているだろう。何時だ」

と、時刻をたずねました。

そのころ、二人は朱沼の岸に立ち、源内から渡された呪文を読み上げていました。沼にはなんの不思議も起こらず、波風も立ちません。あたりは、シーンとしたままでした。

「無事に朱を採ることができた。よかった、よかった」

やがて、無事に朱を採った二人が帰って来ました。時刻を聞くと、源内がたずねた時刻と、朱を採っていた時刻は、ぴったりだったそうです。

「あの沼には竜神がいたに違いないが、呪文を唱えたので静かにしていたのだ」

といい、源内はその朱を見ました。

「これは辰砂ではない。ただの無用な赤ソブ（赤い泥水）だ」

というので、みながっかりしたそうです。

この呪文は、韓退之(かん　たいし=中国唐代中期を代表する文人で思想家)が、鰐魚(けぎょ=ワニ）を退けた時の呪文だったと、大久保兆竜という物知りの老人が言ったそうです。

平賀源内は、早々に江戸に帰って行ったそうです。

五本の柳の木

江戸時代中期、増田には名のある五本の柳の木があったといいます。その五本というのは、瘧柳、渡邊柳、大房柳、一本柳、燈蓋柳の五本です。ずいぶん難しい漢字ですが、みなさんは読めますか。

①瘧柳（おこりやなぎ）

瘧というのは、悪寒やふるえのおこる病気で、マラリア性の熱病の昔の病気のことです。この柳、枯れて名残さえありませんが、昔はこの柳の葉を水に入れて飲めばおこりが治ると信じられていました。桃の葉を水に浮かせて肌につければ、たちどころにあせもが治るようなものですね。

病気が治ったお礼に、柳の菌を絶やさないようにと、米ぬかや稲ワラなどを根元に置いたそうです。柳の木が枯れてからも風習は続き、柳の木があった場所は、塵塚のようだったといいます。

②渡邊柳（わたなべやなぎ）

渡邊某という人の塚に植えられた柳の木といわれています。田町の田んぼの中にあったそうですが、江戸時代中期に誰かに伐られてしまいました。

③大房柳（だいぼうやなぎ）

大房とはどのような人かわからないそうですが、古柵（在城）の北の方にあったそうです。

菅江真澄は「鹿角毛馬内の月山の別当、不動院の鼻祖を大坊と言って、岩窟に家をつくって住んでいた。その柱が今も残って家蔵となっている。坊舎などがあった所だろうか」と注釈しています。

④一本柳（いっぽんやなぎ）

その名の通り、一本立っている大柳です。この柳があることから、田の字名も一本柳となっているそうです。

⑤燈蓋柳（とうがいやなぎ）

燈蓋木のことで、三つや四つに枝が分かれた木のことです。三つに分かれた木は、杣人や山賊でもかならず伐り残して、山の神に手向けてお祭りしたそうです。

蛇ニオ（荻袋）

昔。

荻袋の佐藤長右衛門の家の前には、古いわらニオがあったといいます。昭和50年ころまではありました。

このわらニオは、かなり昔からワラを積み足し、積み足ししていたといわれています。それは、わらニオの中に大蛇が巣をつくっているからだそうです。春先のポカポカとあたたかい日などは、大蛇がニオから出てきて日向ぼっこをするそうで、小蛇などは、しょっちゅうチョロチョロと這い回っていたそうです。

荻袋は成瀬川の近くにあり、洪水には悩まされたことと考えられます。わらの中は温かく蛇が棲むには最適の環境だったと思われます。平成に入ってからも、成瀬川では大蛇騒動がありました。まさか、荻袋に潜んでいるなんてことは、ないですよね。

蛇ニオの話は、山形県三川町にもあります。押切地区には「蛇ニオ」という、頭が二つの神さま蛇が棲んでいるわらニオがあります。

昔。

川が氾濫して洪水になったときの事です。小さなわらニオが流れてきました。わらニオの中には、頭が二つある双頭の蛇が棲んでいました。

「こんな、神さまが棲んでいるニオなどここには置けないだろう」

ということで、近くの神社に祀られました。

ところが、また洪水がおこって川があふれて、今度は、少し下流にながされました。すると、押切地区に次々と不幸なことが起こるようになりました。

そこで村人たちは、えちこ（神おろしをする霊媒師）にきいてみました。すると、

「蛇ニオは、元の場所に戻りたいといっている」

との、お告げがありました。

「こりゃ、大変だぞ。早く元の場所に帰してやろう」

村人たちが相談している時に、また洪水になり、今度は反対に押し流されて、蛇ニオは元の場所に自ら戻ったということです。

今では、安産や防災、疫病除けに霊験があるとされ、ニオは神として祀られています。

ムグリコ、ムグタカ

生活語（方言）も、年々消えていく昨今です。昔の貧しかった日本の農山村生活も忘れ去られていきます。

でも、昔の農山村の人たちのきびしい食生活が偲ばれる「ムグリコ、ムグタカ」という言葉は覚えておいて欲しいと思います。

ムグリコ、ムグタカの意味は、ムグリコ（おにぎりや弁当）、ムグタカ（食べたか）という意味です。

つまりは「弁当を食べたか」ということです。たとえば、山村など遠くから増田の町に出てきたとします。歩いてきますから、当然一日がかりです。お昼になって、

「ムグリコ、ムグタカ、ヤラ（弁当を食べたか、お前たち）」

と聞くと、

「オラダバマダダガ、オメ、ムグタカ（俺たちはまだ食べないが、お前は食べたか）」

という会話をしたそうです。

ムグリコというのは、おにぎりのような袋に入った雑飯で、アワとかヒエなどの雑穀でにぎっていることから米のような粘り気がなく、ボロボロとこぼれるのです。それを、袋に入れたまま中味をむきながら食べた習慣があったそうです。袋をムクリながら食べるので「ムグリコ」と言ったそうです。韓国の歴史映画を見ていると、大きな丸い、雑穀でにぎったおにぎりをボロボロこぼしながら食べていますが、あれに似たものと思われます。

今の生活では想像も出来ない、貧しかった時代の生活から生まれた言葉「ムグリコ、ムグタカ」。ムグリコを袋から出して、手で食べるのではなく、袋をムクリながら、こぼさないように食べるのです。みなさんも想像してみてください。

天ケ台《あまがだい》のお薬師さん（戸波）

今から650年ほど前のことです。戸波には、山沿いにしょっちゅうお坊さんが来たといいます。

あるとき、天台宗の偉い坊さんが弟子と一緒に五、六人で西山にやってきました。西山は、稜線がガタンと切れて、遮るものがないので眺望のよい場所でした。お坊さんは、

「これは素晴らしいところだ。伝教大師（最澄）が、中国の天台（てんだい）へ行って、天台宗を勉強してきたというが、こういうところではなかったのか。ここを天台山と呼ぼう」

と言いました。でも、それではあまりにももったいないだろうということで、日本読みにして、天ケ台（あまがだい）にしたということです。

そこで、この場所を天台宗の布教の本拠地にするため、竹の柱に茅の屋根を建て、薬師如来像を安置して、修行や布教をして歩きました。

お坊さんたちは、布教ばかりでなく、たくさん自生しているセンブリの使い方やヨモギ

の食べ方など、薬の作り方も教えました。それから、死んだ人の弔い方を教えました。当時は、死んだ人を丁寧にはしなかったそうで、それでは仏さまに良くないと、火葬を教えたそうです。それで戸波には、古くから火葬場があったそうです。

火葬のことを、この辺りでは「草ヤキ」といいます。それは、材木はもったいないので、草を刈って干しておいて、死んだ人にその草を掛けて火をつけるからだそうです。

戸波の人たちは、お坊さんのいうことを信じ、お薬師さんをよく信仰しました。

ところが、江戸時代の元禄のころのことです。山火事があって本宮や遥拝所などが燃えてしまいました。けれども、薬師如来像は無事だったのです。

お堂の側を小さな川が流れていましたが、火事の時、川に棲んでいるカジカやフナ、ドジョウ、ツブ（ウラツブといって、長い殼を持ち、タニシとは違う）などが、何百、何千と代わる代わるお薬師さんの体を取り巻いて、火事から守ったのです。

お薬師さんは燃えずに助かったのですが、カジカやフナは火傷して片目になったり、ツブの殻が破けたままだったりの子孫が、今でも見られるそうです。

火事のあと、大きい神社は建てられないから、小さいお厨子にご本尊を安置したそうです。ある日、子どもたちがお薬師さんを引っ張り出して、縄で結んで、苗代で遊んでいました。

「こら、お前たち、お薬師さんを粗末にするとは何事だ。罰が当たるぞ！」

村の爺様が子どもたちを叱り付けて、お厨子に納めました。

ところが、爺様は急に熱を出しました。熊の肝を飲んでも、医者にも見離され、神下ろしをしてもらいました。すると、お薬師さんが出て、

「こどもたちと一緒に遊んで、楽しくて喜んでいたのに、この爺様が子どもたちを叱ってけしからん。だから熱を出させてこらしめているのだ」

という。

「これは大変だ。村中でごめんしてもらおう」

ということで、ごめんしてもらいました。

「お薬師さんは、子どもを大切にしてくれる神さまだから、子どもがお薬師さんを祭る何かをしようではないか」

次の年から、三回あるお祭りのうち、冬のお祭りを子どもたちだけでやらせることになったそうです。これが「お七日様」の始まりです。

明治の末に、山の神と明神が薬師堂に合祀されて、戸波神社と呼ばれるようになりまし

た。戸波神社が「お薬師さん」と呼ばれる「お七日様」の祭りの場となりました。

お七日様は、大変珍しい神事です。祭りの参加資格は7歳から15歳までの男子。16歳を過ぎると卒業して古別当といわれます。住む地域によって三組に分かれて組織されます。上村（うえむら）の子どもたちは「山の神様衆」、下村（したむら）の子どもたちは「明神様衆」、そして両方の組の12、13歳以上の上級生は「薬師様衆」という集団を作り、薬師堂までの雪道を踏む「道踏み」を行うのです。

翌8日は、餅つきとトロロ飯です。明神様衆の子どもたちは「とろろ飯」を食べます。山の神様衆と薬師様衆は、餅つきの準備をします。

詳細は省きましたが「お七日様」の祭りは、子どもたちが一年を無事に過ごさせてもらった、お礼の祭りだそうです。

（戸波、織田兵太郎さんの話）

機岳禅師の一字龍（小栗山）

狙半内（さるはんない）小栗山で生まれた機岳（きがく）禅師は、本名、高橋新蔵。小栗山の農家の長男でしたが、幼少のころより勉学を志して仏道に入ろうとしました。30歳のころから、大屋新町の正伝寺に通い、機徹老師が「正法眼蔵」を極めた人と聞いて教えを受けるようになりました。小栗山から大屋新町まで五里（20キロ）の道のりを毎日往復したことは語り草となっています。

そして、父親の與左エ門に出家することを願ったのですが、長男ということで許されなかったといいます。42歳のとき、父親が病気で亡くなると妻子を残し、家を出て、大曲市大川寺にて剃髪し、法名を「大俊機岳」と命じられました。願いが叶ったとして、地蔵尊千体を彫刻して大川寺に安置したそうです。

出家して8年目に住職となり、他所へ9年努め、稲川の常在寺の住職となりました。大屋新町鬼嵐の阿部家から出た、天徳寺四十八世の阿部梵髄（あべぼんずい）とは親交が篤く、梵髄が清涼寺（湯沢市内町）の住職であった時、梵髄の助けもあり大般若経六百巻を拝写しました（現在は文化財指定）。

また、機岳禅師を世に出したのも梵髄でした。梵髄自身も素晴らしい大和尚でしたが、明治18年に、門下生であった満昌寺（湯沢市深掘）住職の梵牛と、香最寺（横手市平鹿町明沢）住職、梵州の二人に「常在機岳老人の伝」二巻を口授しました。

この本は天徳寺にありましたが、昭和13年（1938）、常在寺に戻ったそうです。（詳しくは「常在機岳老僧の話」「増田歴史散歩」を参照のこと）

常在寺二十世機岳は、明治22年（1889）3月28日　80歳で亡くなりました。

一字龍（雄龍・雌龍）

常在寺の神龍堂の右側には古い池があるそうです。ある日、機岳和尚はその古池から龍神が出現する夢をみました。それから龍の一字を書くようになったと言い伝えられています。

この龍の字を「一字龍」と言い、火災よけとしているのですが「壬辰（みずのえたつ）の日」に書くそうです。その理由は、「みずのえ・たつ」は「水を断つ」ということからだそうです。

ある日、機岳和尚は頼まれて、全唐紙二百余枚を一日で書こうとしましたが、書き終えることができませんでした。これを見た阿部梵髄和尚が、版刷りをするよう言ったそうです。

そのため、一字龍には直筆と版刷りがあるのだそうです。しかも、雄龍と雌龍という書体の違うものもあるそうです。

私がはじめてこの一字龍の掛け軸を見たのは、稲川町宮田にある旧家でした。一筆書きの蛇のようで、気持ち悪かったのですが、二つ並んであったので、今にして思えば雄龍と雌龍だったかも知れません。

一字龍のほかに「八大竜王」「猫児（ねこ）」を書いているのですが、なぜ猫なのか。しかも猫に児をつけて「猫児」なのだろう。不思議に思っていましたが、昔この地方は葉たばこ栽培と養蚕がさかんでした。蚕（カイコ）を食うネズミ退治をするのが猫であることから「猫児」と書いたそうです。

機岳和尚の一字龍の書は、ほとんどが70歳を過ぎてからの作品だということです。

柳原の地蔵さま

明治10年ころ、柳原（横手市十文字町）集落では、高名な機岳和尚から地蔵さまを彫ってもらうことになりました。

約束の日が来たので、村人三人が大倉の常在寺（稲川町）住職、機岳和尚のもとに取りに行きました。地蔵さまは、柳の木に彫られた見事なものでした。

さっそく、用意してきた風呂敷に包んで、背負って帰り、縫殿村の川原まできました。渡し舟もありましたが、三人は川を歩いて渡りはじめました。

ちょうど、川の中ほどまで来たときのことです。どうしたはずみか、地蔵さまが風呂敷からポトリと抜け落ちて川の中に沈んでしまいました。

「あらら、なんとしたらええべ」

驚いた三人は川底に沈んだ地蔵さまを拾い上げようとしました。ところが、地蔵さまは急に重くなり、三人の力でも持ち上げる事ができませんでした。

「困った、困った。大倉の和尚さんさ相談してみるべ」

三人は常在寺まで戻り、機岳和尚にこのことを告げました。機岳和尚は、

「お前たち、地蔵さまを怒らせたな。え、え、したら一緒に行ってお経をあげてやろう」

そう言って、三人と一緒に縫殿村の川原に行きました。そして、地蔵さまの沈んでいる場所で合掌して、念仏を唱えました。

不思議な事に地蔵さまは、スーッと川底から浮かび上がってきました。

こうして、地蔵さまは無事に柳原の神明社境内のお堂に安置されたということです。

謎の「れいふさん」（戸波）

戸波の織田家の庭には「れいふさん」と呼ばれている高さ65センチ、幅20センチくらいの四角い石碑が建っています。正面に「霊父尊神」と刻まれ、側面は「文化十一年四月九日」と建立年月日があります。織田家でも先祖代々、朝夕にこの石碑を拝んではきましたが、誰が何のために建てたのかはわからないそうです。

以下、この織田家の当主であった、故織田兵太郎さんの考察です。

わが家ではこの碑をほかの神仏と同様の扱いをしている。特に碑のための行事などはしていない。祖父に何度となく聞いたが「先祖代々だ」と答えるだけだった。屋敷神かと思ったが「将来とも屋敷内に神を祀ってはならない」と、祖父は気色ばんで教えた。一族や村の物知りにも聞いたが、結局わからなかった。

そこで織田さんは、古老の話や伝説を結び合わせて、「霊父尊神」はキリスト教上の偉人を祀ったものではないかと考えました。「霊父」は神父で「尊神」は、幕府のキリスト教弾圧に対する隠れ蓑とその敬称。この「尊父」とは、隠れキリシタンとして弾圧を受けた、有名なキリシタン「後藤寿庵（ごとうじゅあん）」ではないかと思っているそうです。

後藤寿庵は、岩手県水沢で住民を教化し聖者として神格化した人物です。元和元年12月、同士十数人とキリシタンの弾圧を逃れ、東成瀬の手倉を越えて増田地方に逃れた後、消息が不明となりましたが、名前をいろいろ変えて布教活動を続けていたとされています。横手蛇の崎橋で起こった「大眼宗事件」は有名です。

織田さんはその理由として、近くの羽場は「五輪羽場」とも言われ、五輪塔があることから呼ばれている。五輪塔の所有者は、羽場の開祖といわれる内藤新左衛門であるが、この家に不思議な行事が伝わっている。それは、旧正月11日、鏡開きの早朝に当主が南方に向かって、まじないの言葉を唱えながら、草刈り鎌で空中に2回十字を切る、というもので、もとは「徳川を倒せ」と叫んでいたというのです。

後藤寿庵が内藤新左衛門と名前を変えて、一時期この地に住んで、同志と共に開拓に従事したのではないかと推論しているのです。

また、五輪羽場の隣にある戸波地区は、上村と下村に別れていますが、上村より40メートルの崖下が下村で、織田家は上村にあるのですが、すぐ崖の真下に、早くから土着した後藤市左衛門家があります。後藤家は、豊臣の家臣であった後藤又兵衛の子孫と伝えられております。いつのころか「元は上の屋敷にあったが、水神様ほしさに下の屋敷と交換した。後藤又兵衛の子孫で、証拠の槍もある」と先代が言っていたそうです。つまりは、織田屋敷は後藤市左衛門の屋敷であったことになります。

織田家自身も、天下の織田信長の息子で秋田に逃れたとされる織田信雄にゆかりがあるとされています。織田兵太郎さんは、後藤寿庵が「後藤」の姓をそのまま使い、豊臣の家臣後藤又兵衛の子孫といって「市左衛門」と名乗り、戸波に住みついても不思議ではないと考えていました。

「れいふさん」は、今では家内安全、子孫繁栄の言い伝えのみが残っていますが、もとの住居者から引き継いだ碑が崩れたため再建して、そのまま先祖の霊として祀り、語りついで来たのかも知れない。先祖代々に感謝しながら精進するしかないと笑いました。

れいふさんの左右には二個の自然石が置かれています。左が陽、右が陰の石だそうです。謎は深まるばかりですが、戸波に歴史上の子孫たちの土着伝説があるのもまた、不思議です。

（戸波、織田兵太郎さんの話）

※昭和46年の県文化財保護協会機関紙「出羽路」に「れいふさん記」を記していますが、結論は持ち越しています。「れいふさんは、いったい何で、何を語ろうとしているのか」。この奇奇怪怪な雨ざらしの石碑のことを、オダヒョウさんはずっと考えていたのです。

※織田家の屋敷は、約二千坪という広大な屋敷です。画人、蓑虫山人が造ったという庭園があり、裏が崖という天然の要害の地にあり、屋敷の中に畑や庵、のある風流な趣です。

※屋敷や家の中は文化財の宝庫です。不思議なものがゴロゴロ置かれています。「霊父尊神」の碑。「魚文石」2つ。魚文石の横に「サル石」。縄文の石棒。「石のひょうたんとっくり」「蓑虫山人庭園図」「龍骨の鏡」「一字龍（雄龍・雌龍）」、「厩猿」など。

※織田兵太郎さんと、十文字仁井田の故石川清五郎さんは、すべての面でよく似た生き方をしたように思います。会議や集いにはいつも一緒で「お前がケラを作るなら、俺は笠を作る」と「戸波ケラ」「仁井田菅笠」の伝承保存に力を注ぎました。

また、二人とも地域文化に貢献した人で、郷土史の研究はもちろんですが、伝統芸能でも、石川さんは「仁井田番楽」。織田さんは「ぎおんばやし」「きつねばやし」「草音頭」の伝承に力を尽くしました。

ご本人たちも「弥次喜多道中」を自認しており、「弥次さん！」と言えば「喜多さん！」とこだまするほど仲良しでした。

※増田では「凧（タコ）」のことを「旗（ハタ）」と呼びます。タコをハタと呼ぶのは珍しいそうで、長崎のキリシタンから福原（岩手県水沢辺り）に伝わり、増田に伝わったとされています。そして「ハタ」と呼んでいることこそ、後藤寿庵が増田に居た証拠であると言われています。

※羽場の草分けといわれる内藤新左衛門、内藤庄兵エは、横堀（湯沢市）の内藤円兵エと三人兄弟で、仙台から落ちてきたと伝えられています。この一族には、旧正月15日の夕方、一家総出で門口に立ち「ニゴモ切り」といって、稲刈り鎌で「エイー、ヤッ」と十字を切る奇習が伝わっているそうです。隠れキリシタンの名残りといわれています。

龍骨《りゅうこつ》

龍の骨？

マユツバでしょう！

と思うかもしれませんが、菅江真澄の「雪の出羽路」に「竜骨由来」（おろちがしら・ものがたり）として、記録されています。

龍骨は長い間不明でした。真澄の記録を要約しますと、
明沢の枝郷釜の川に米泰という人がいた。増田（七日町）の山中杢兵衛は、この米泰を兵術の師と仰いでいた。米泰は熊谷三郎兵衛のことであり、慶安のさわがしい世（由井正雪らが徳川幕府の覆滅を図った事件）を避けて、この地に潜んで生涯を終えた。龍骨は、米泰から山中杢兵衛がもらった物である。

ということで、山中杢兵衛家蔵として、表裏二枚の絵が付いていています。直径約30センチの丸盆のような形であり「龍鏡」とも「龍骨鏡」とも言われています。真澄はこの龍骨に深く興味を持ったようです。

龍は中国の想像上の動物ですが、鱗虫の王であり、蛇が成長するときのような脱皮はしないで、脱骨するとされています。そのため海底や地中から龍骨が見つかるとされているのです。また「家蔵すれば火災をさける」とされています。

平安時代初期の「本草和名」（918）は、薬として龍骨を記した最初の記録ということです。これまでは、恐竜の化石の一部、クジラの背骨、大蛇の骨、などとされていました。ところが、江戸時代中期に讃岐、阿波、備前などの瀬戸内海から発見される龍骨について論争がありました。象の化石とする平賀源内らと、否定する木内石亭らの対立です。結局は、阿波のお抱え医師、小原春造の「龍骨は象の化石骨」であるとの決定で、論争は終わりました。

現在の中国の漢方薬市場では、象のほかにサイ、シカ、カモシカ、ウマ、イノシシなどの哺乳動物の骨格、歯、牙、角などが混じっているらしい。龍骨は精神安定、骨髄充実、強壮に効果があり、後漢末（196—230）には、方薬の主薬であり、古くから用いられていた薬だったのです。

日本に渡来したのは天智天皇が即位したころとされ、遣唐使によって龍骨類として「龍骨・龍歯・白龍骨・龍角・五色龍歯」の5種がもたらされ、正倉院に保管されています。

象や鹿の化石骨とのことです。

真澄が描いた龍骨と現在市の文化財に指定されている龍骨が同じものかどうかはわかりません。山中杢兵衛の子孫も絶えたものらしく不明。龍骨もどのような形で山中家を離れたのか真相はわかりません。

でも、昭和57年ころ、県南の古美術研究家から、2、3人の手を経て、秋田市内の研究家の手に入ったのがきっかけとなり、地元増田に落ち着くことになったのです。

真澄が記録した龍骨は、雄勝郡で古代象の歯の化石が採集されていることもあり、やはり象の歯なのかも知れません。東成瀬や羽後町、湯沢、稲川などからも「天狗の爪」「竜の爪」「鬼の爪」などと呼ばれる、百万年前の鮫の牙歯（きば）の化石が見つかっています。この地方はかつては海だったことがわかります。

あとがき

新型コロナウイルス。耳慣れないウイルスに世界中が戦々恐々として生活している毎日。感染者も死亡者も増え続け、混乱がいつ収束するかも見通せないほどの猛威をふるっています。イベントや会議、サークル活動などはほとんど中止や延期。家にじっと引きこもり、罹患しても、人にうつしてもいけないとばかりにわが身を守っています。

こんなときに本を出すなど不謹慎とお叱りを受けるかもしれませんが、数ヶ月の自粛生活でこころも行動も萎縮し、コロナ疲れもマックス状態。「ピンチをチャンスに！」とばかりに、老眼に鞭打って積読だった本を読んだり、おりがみを折ったり、手芸をしたり、キッチンクロスや布で手作りマスクを作って配ったり。これまでの外に出かけてのボランテイアから、家で出来るボランテイアで何か役に立ちたいものと動いてはいるのですが、自己満足に過ぎない虚無感が先にたちます。

そんなとき、イズミヤ出版の泉谷好子さんのご好意により、三年前にあきたの昔語り「つむぎの会」の活動の一環としてコピー冊子にしていた「増田今昔物語」が、本として昇格することになりました。

八年ほど前から、横手市増田の内蔵をお借りして幾度となく昔語りをしてきました。私が作詞し、シンガーソングライターのたかはらてるおさんが曲をつけた「ほたるまち慕情」もCDとなっています。聴いた方は少ないと思いますが、いい曲ですよ。これまで昔語りの会場として大切な内蔵を提供し、各面でご協力をいただいた、ささやかなご恩返しになればと思っています。

「増田今昔物語」は、史実的には勘違いや誤記もあるかも知れませんが、ちまたに伝承されている伝説や昔話としての民俗的な視点で、増田地区をもっと楽しく、身近に知っていただけたら幸いです。

令和2年4月5日

花咲き庵にて

著者略歴

黒沢せいこ　　　詩人・語り手

１９５３年横手市に生まれる。

「第１回秋田県現代詩人賞」「第３回花の詩祭賞」など受賞。

・主な著書

詩　集　……　「矢絣幻想」「イカロスの翼」「夢蝶」「花かげの鬼たち」
「きょうのうたーパンドラの小箱」「風と光と」（詩写真集）

その他　……　「横手地方の民話伝説「雪国のむかしっこ」（東洋書院）
「よこてのかまくら私考」（私家版）
「横手盆地のむかしっこ」（はたはた編集部）
「秋田県南外村　堀井徳五郎翁の昔ばなし」
「山内村のむかしっこ」
「むかしっこ後三年の役」（イズミヤ出版）
「鳥海山麓のむかし話ー佐藤タミの語り」（イズミヤ出版）共著

収録本　……　「秋田のとっぴん語り」（星の環会刊）
「おべんとうの時間」２（木楽舎刊）

Ｃ　Ｄ　……　雪国のむかしっこー祖母キヤから聞いた昔話ー
横手ふるさとの昔っこ（収録）

夢ひとつ恋もよう（作詞）など。

洞雲寺のうた（作詞）「念ずれば花ひらく」「笑顔でありがとう」

忠義な猫（作詞）「笑福ねこ踊り」「あなたへー白い猫のレクイエム」

「ほたるまち慕情」

・プロフィール　中学生のころから詩作や郷土史に興味を持ち活動。昭和63年「雪国のむかしっこ」の出版をきっかけに、秋田県に伝わる昔ばなしの採訪や収集などに本格的に携わる。平成８年から５年間、月刊誌「はたはた」に昔ばなしを連載。その後、地域の昔ばなしの研究や採取のかたわら、伝承の語りと書承の語りを継承する、語り手としての活動もしている。

詩誌「ラ・メール」「海流の会」「詩と思想」会員などを経て現在、「秋田県現代詩人協会会員」、詩誌「北のふくろう」編集。「日本むかしっこの会」主宰。「全日本語りネットワーク」「あきた民話の会」幹事、語りグループ「つむぎの会」読み聞かせグループ「おはなしぽぽポ」会員。「文化財保護協会」「六郷史談会」会員など。

増田今昔物語 ～伝説と昔話～

２０２０年５月12日　初版発行

著　者　黒沢　せいこ

発行者　泉谷　好子
発行所　イズミヤ出版
秋田県横手市十文字町梨木２
電話　０１８２（42）２１３０

印　刷　有限会社イズミヤ印刷

定価　一五〇〇円＋税

ISBN978－4－904374－39－9　C0039